謝蘭舟，馬海峰　著

別讓焦慮打敗你

來這裡學會自我管理

—— 擺脫焦慮，找到內心的平靜 ——

挫折並不可怕，可怕的是以消極態度面對它；
以正向心態應對生活的不幸，苦難終將隨風而去。

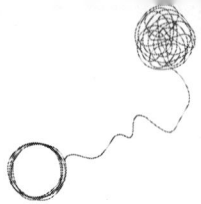

目錄

前言

第一章　正確的認識和了解你自己

脆弱卻又不求他人幫助，寧願疏遠大家——解析孤獨……012

「做什麼都難以集中注意力，情緒穩定不下來」——解析自我不確定心理……020

「我覺得只有死才能逃離這一切的苦惱」——解析自我調控能力欠佳……026

「一想到或看到別人比自己出色，我就十分不滿」——解析妒忌心理……034

「總想逃離，總覺得自己不行」——解析自卑心理……040

「比來比去，總覺得比別人強」——解析自大心理……048

第二章　塑造一個健康的你

「離開了父親，我怎麼辦呢？」——解析依賴型人格……058

目錄

「憑什麼要聽你的？你憑什麼命令我？」——解析被動式攻擊個性……067
「看到人總是低著頭，對人總是有意迴避」——解析迴避型人格障礙……074
「老是懷疑別人居心不良、不懷好意。」——解析偏執型人格障礙……082

第三章　換個心情來疏解

「做什麼都高興不起來，還經常感到心煩」——解析憂鬱症……092
「總擔心有些東西對自己不利，老也想不開」——解析焦慮症……103
「只要是花她就害怕，無論是什麼花」——解析恐懼性精神官能症……112
「對自己不感興趣的事情卻想個不停，無法自控」——解析神經衰弱……119
「老想鼻子，明知這樣沒有意義卻禁不住還會去想」——解析強迫性精神官能症……128

第四章　想要好好學習，從心態管理開始

「想了很多辦法，成績就是不理想」——解析學習策略不良……142
「以前熱衷的事現在也沒興趣了。」——解析學習挫折心理……150
「讀書分心，根本學不下去」——解析學習缺乏動機……158

「提不起學習的興趣，只想玩」——解析學習倦怠……165

第五章　給愛留一個可以想像的空間

胖女孩的愛情也會超重嗎——解析自我形象敏感心理……176
他還愛我嗎——解析因感情困擾而導致的心理失衡問題……185
他為什麼要和我分手——解析失戀心理……193

第六章　用一顆樂觀向上的心與人交往

用一顆樂觀向上的心與人交往——解析社交恐懼症……204
我不想參加任何活動，我不想出去「丟人」——解析人際孤獨心理……214
他們總是合夥整我——解析人際關係敏感心理……221
我認為自己是最完美的，誰都不如我——解析自戀心理……228

第七章　戒除網路成癮，重返現實人生

我的心裡很矛盾，但我就是控制不住——解析網路成癮心理……240
我只有在虛擬世界裡遨遊才能找到自尊——解析逃避現實心理……250

目錄

想到快瘋了，卻又難以割捨——解析網戀心理……256

第八章　走出職場「滑鐵盧」

我再也不去應聘了——解析求職恐懼心理……268
我真的不想做了，我好委屈——解析職場挫敗心理……274
我是不是走錯了地方——解析擇業矛盾心理……285
讓我一個人孤苦伶仃的面對生活，好可怕啊——解析求職依賴心理……292

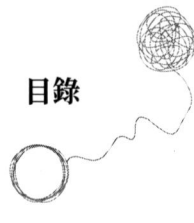

前言

每個健康向上的年輕人的心理，都應該像春天的原野般陽光明媚，然而在現實生活中，卻常有些大學生和剛剛走進社會的青年朋友心裡籠罩著沉重的陰影：或憂鬱孤獨，或嫉妒猜疑，或喜怒無常，或無端恐懼，或顧慮重重……人們將這種狀況稱為心理陰影，或叫心理失衡，它嚴重影響著人們的學習、工作和生活，更甚者會危及生命。

生活在都市中的這些年輕群體，心理狀態相對不穩定，這其中的原因是錯綜複雜的。隨著都市人口的急劇成長，都市的空間相對縮小，再加之都市建築群的增多和增高，人們心理上隨即產生了嚴重的壓抑感和窒息感。

另外，都市裡人流滾滾，車水馬龍，年輕人在學習與工作便捷有效的同時，卻又極易感到心煩意亂。某些年輕人在缺乏耐性和理智時，就容易滋生怨怒而脾氣暴躁。這些都是因為周圍環境的影響，使人體的生理規律發生了紊亂，導致腎上腺皮質激素分泌增多、交感神經高度興奮等。高樓大宅的「封閉性」，也使得班級之間、鄰里之間、同事之間各自「閉關自守」，不大往

前言

來，日久造成人際關係疏遠，大家在狹窄的空間裡學習、工作和生活，容易產生凡事斤斤計較的狹隘心理。

還有都市噪音的汙染，也弄得每個人無處尋覓安寧。現實生活中的各種叫賣聲、卡拉OK聲和汽車機車喇叭聲等，大大超過了正常人所能承受的生理和心理壓力，讓人心情煩躁，控制不住自己的情緒而產生心理失衡。

那麼，在我們確定自己或多或少產生了心理失衡狀態的時候，又該如何正確面對、有效擺脫和基本上進行治療呢？本書將為你指點迷津。

本書是心理解壓用書，全書透過「典型範例」、「小故事大智慧」與「解壓之道」的融合，以輕鬆易懂的論述方式，最大程度的為廣大青年特別是在校大學生和剛走出校門的社會新鮮人擺脫心理陰影及成長障礙，以積極樂觀的心態面對人生課堂。

筆者想要提醒讀者朋友的是，要徹底從心理失衡狀態中擺脫出來，最重要的還是要有一顆積極、樂觀、向上的心。為此，本書還有大量哲理性的寓言小品文，以期能幫助你解開心靈的枷鎖。下面這個真實的小故事相信會對你有所啟示。

一個無臂女人，她叫任吉美，天生沒有雙臂、雙手。就是這樣一個無臂女人，卻奇蹟般的生存了下來，而且擁有一個幸福的家庭。

她會用雙腳洗臉、刷牙，會用雙腳洗衣做飯，會用雙腳縫衣繡花，會用雙腳寫字寄信，會用雙腳包餃子，會用雙腳下田地工作，還會用雙腳打牌……凡是我們用手能做的事情，她幾乎都能做，而且甚至比我們做得更好。

記者問她：「你沒有雙臂、雙手，怎麼生活呀？」她答道：「我還有雙腳呀」！

多麼樸實的語言呀。面對天生的殘疾，她不抱怨上蒼，不自暴自棄，而是珍惜自己所擁有的東西，用自己的雙腳創造了奇蹟。

面對她燦爛的笑容，面對她堅強的性格，我們甚至會感到自己在她面前的渺小。我們大多數人都有一個健康的身體，有一雙完整的手，但是面對困難時，卻常常抱怨命運的不公。但你想過嗎，和任吉美相比，我們是多麼的幸福呀！

在很多情況下，心態決定了一一切。人生在世，總會有各式各樣的困難

前言

和困惑，積極的心態會帶給你柳暗花明的驚喜，而消極的心態會使事情更糟。任吉美，一個無臂女人，用她的行動為我們譜寫了一曲積極上進的歌。

願本書能幫助你打開心靈的枷鎖，撥開籠罩在心靈上的層層迷霧，讓你在迷惑的年齡練就一顆不惑的心。

第一章　正確的認識和了解你自己

正確的認識自我是走好人生的第一步。你對自己的認識越準確，你選擇正確道路的可能性也就越大；你選擇的道路越正確，你取得成功的可能性就越大。所以，聰明者的人生應該從正確認識自己開始。

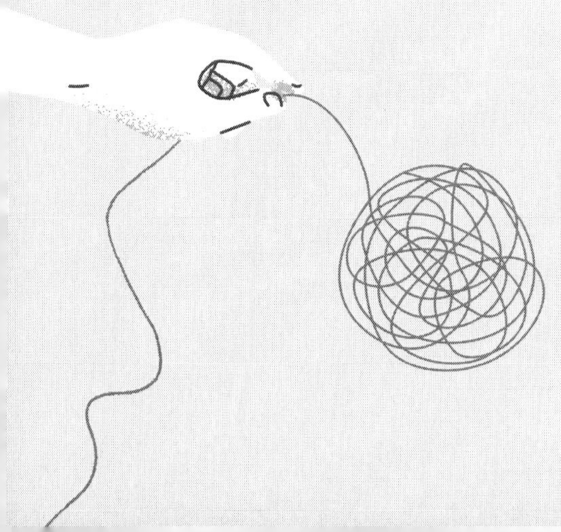

脆弱卻又不求他人幫助，寧願疏遠大家——解析孤獨

體驗到孤獨並不可怕，這正是自我意識覺醒的一種表現。但是如果你最終不能從孤獨中走出來，總是一味的迴避社會，最後便可能把自己隔絕起來，得不到成長中所需要資訊和情感支援，並為此而感到深深的苦惱。沒有會喜歡整天愁眉苦臉的人，也沒有人會喜歡一臉清高孤傲的人。如果你渴望友誼和朋友，就需要在某種程度上改變你自己。

典型範例

李尚能 主持人

前幾年，有一個著名主持人叫李尚能。出生於一個普通工人家庭。他在一家工廠度過了童年和少年時代。

他大學畢業後，一九九一年十月，在一片電臺直播節目熱衷，經過考試，尚能如願以償的成為一名節目主持人。這下尚能似乎找對了自己的定位，他全身心的投入，揮灑著青春和熱情，迅速脫穎而出。對他來說，確實感受到了成功的喜悅，得到了心理上的滿足。

尚能作為一個平凡的人成名了。這時候，如果正確對待成功，相信尚能的前途會無量；如果他謙虛謹慎，擺對位置，相信尚能定能心態平衡，戒驕戒躁，健康快樂。然而，聰明的尚能卻糊塗起來，他開始把自己頭頂上的光環看得很重，他常常以名人自居——一種名人心理開始滲入到他的節目中。人們已經難以聽到他所標榜的「與人平等」的聲音了。相反，他聽完聽眾反映的情況後便大發議論，並對真誠聽眾發出質問式的「是不是」與「對不對」，散發出一股濃烈的俯視眾生的自負味道。在一次節目中，有位聽眾說自己結婚了，但沒房子，所以很痛苦，希望尚能出出主意。誰知尚能竟直接說：「你沒房子，我還沒房子哩！你沒房子找我，我沒房子找誰？」作為一位主持人，尤其是一位名主持人，這難道是在與聽眾作心靈溝通嗎？不，恰恰相反，他已經帶有情緒發洩的味道了，他開始憂慮自己的問題了。

在後來的節目中，觀眾常能聽到尚能把自己比喻成「邊緣人」。所謂邊緣，簡單的說是事物中心的外圈，是「接近」而未「進入」。這個比喻可謂生動貼切，並且從一個側面反映了尚能為浮名所累、為虛榮所縛的真實心態。某年舉辦廣播電視節目主持人評選，這是該縣市首次規格最高、規模最大、影響最廣的一次評比，尚能原以為穩操勝券，結果卻名落孫山。儘管他主持的節目老幼皆喜，其風格之異、收聽率之高。可是，他居然沒有被選上，這對他的打擊很大。

雖然他也有快樂，但是工作壓力、情感失意等問題帶來的痛楚使他深深的苦惱著。他同樣需要治療，需要撥打熱線，但是向誰傾訴？誰來撫慰？尚能在世只有三十四年，然而他卻有過多次「自殺未遂」事件。自殺事件對尚能的心靈是一種極度的摧殘，他的精神出現了分裂，後來住進了醫院。經過一段時間的檢查、治療，尚能康復出院，繼續主持節目。

與此同時，尚能最摯愛的女友M出現在他的生命中。可是兩人僅交往了一年多，因性格不合等原因，又徹底告吹了。尚能多麼想得到這位不可多得的素養高、見多識廣、經濟能力高過尚能的女人啊。但在這位女強人面前，他顯得那麼弱小。現在M離他而去，對他來說又是一次重擊。事後兩個月，尚能走上了絕路。

小故事大智慧

在當今社會，有這樣一部分人，他們性格孤僻，害怕和人往，有時還會莫名其妙的封閉自己，顧影自憐，孤芳自賞，無病呻吟，逃避社會，心理學上把這種心理稱為孤獨心理。李尚能就是一典型代表。由孤獨心理產生的與世隔絕、孤單寂寞的情感體驗，就叫做孤獨感。

具有嚴重孤獨心理的人沒有朋友，更沒有知心的朋友。他們沒有什麼特別的嗜好，甚至沒有希望；他們喜歡自己勝過喜歡他人，有些「自戀」的味道；他們對自己信心不足，或擔心不會被別人所接受、所愛。

具有這種心理病症的人以性格內向的人為最多見，主要是由於獨立意識的成長、自我意識的發展，生理、心理從不成熟走向成熟，伴隨著邏輯思維能力的加強，實踐範圍的擴大，希望自己得到應有的重視和保護，於是在自己的心中構建起一座圍牆，把自己封閉起來從而產生孤獨感。

解壓之道

擺脫孤獨的困擾可以從兩個方面下手，一個是自己積極主動去接近別人，一個是透過改變自我，使別人願意接近自己。

積極主動的接近別人的最好方法，便是關心、幫助別人。當你看到周圍的人有為難之處的時候，如果能主動伸出手去幫一把，很可能就為自己贏得了一位朋友，從而也幫助自己擺脫了孤獨。

要想有朋友，就不能光想著自己。總把「我」放在嘴邊的人，最招人反感。如果和別人交往時，你不懂得尊重別人，老是隨便打斷人家的話，或是說些刺激人的酸話，讓人下不了臺，或是總想和人爭個高低，處處顯得你正確，恐怕你也就很難擁有朋友和友誼。所以，擺脫孤獨，最主要的是從自己做起。

從自己做起，有哪些具體可行的方法呢，不妨參見以下幾點：

1　增強自信，戰勝自卑

因為覺得自己跟別人不一樣，所以就不敢跟別人接觸，這是自卑心理造成的一種孤獨狀態。這就跟作繭自縛一樣。所以，這樣的人要衝出這層黑暗，就必須首先突破自卑心理組成的障礙。沒有必要為了自己跟別人不一樣而憂思重重，人人都是既一樣又不同的。只要你自信一點，鑽出自織的「繭」，你就會發現跟別人交往並不是難事。

心靈咖啡館

數學課上一位學生也許是自卑，老師提問時其他同學都搶著回答，他卻從不抬頭，幾乎從不舉手回答問題，可有一次，當數學老師問了一個問題後，終於發現這位學生第一次舉起了手，便立即叫他回答，但這位學生起立後的啞口無言卻讓同學們哄堂大笑，老師平靜的讓他坐下。放學後，老師來到教室，和藹的對他說：「學習千萬不能不懂裝懂，以後我提問時遇到你懂的題目你舉左手，不懂的題目你舉右手，我就知道該不該叫你回答了，這樣大家也不會老是笑你不發言了。記住！這可是我倆的祕密。」

老師的話讓他深受感動。此後的數學課上，這位學生按老師說的做了，期中考試結束後，老師對他說：「這段時間，你舉左手的次數為二十五次，舉右手的次數為十次，再繼續加油，努力把舉右手的次數降為五次。」細心的老師竟然記住了他舉左右手的次數，這再次深深的打動了他，於是他暗下決心，努力不舉右手。期末考試時，他考了前三名，老師欣慰的對他說：「你終於不舉右手了」。

再後來這位學生考上師範大學，老師來送他時所說的一句話再次感動了他：別讓自卑打倒你，換一隻手高舉你的自信！

自信人生不會沉淪。一個人不論活得多麼卑微，自信是一筆財富——人生能笑到最後的資本。

2 確立一些人生目標

也許，因為人類早在原始社會就過慣了群居生活，所以現代社會才有了「孤獨」這樣一種世紀病。一個人害怕自己跟他人不一樣，害怕被別人排斥，害怕在不幸的時候孤立無援，害怕自己的思想得不到旁人的理解，總之是一種內心的恐慌，這種恐慌似乎使我們的心靈越來越脆弱了。

要想從根本上克服內心的脆弱，最好的方法莫過於給自己確立一些目標和培養某種愛好。一個懂得自己活著是為了什麼的人是不會感到寂寞的；同樣，一個活著而有所愛、有所追求的人也是不怕孤獨的。

心靈咖啡館

白龍馬隨唐僧西天取經歸來，名震天下，被譽為「天下第一名馬」，眾驢馬羨慕不已。於是很多想要成功的驢馬都來找白龍馬，詢問為什麼自己這樣努力卻一無所獲？

白龍馬說：「其實我去取經時大家也沒閒著，甚至比我還忙還累。我走一步，你也走一步，只不過我目標明確，十萬八千里我走了個來回，而你們在磨坊原地踏步而已。」

眾驢馬愕然。

其實，我們的悲劇不是無法實現自己的目標，而是不知道自己的目標是什麼。成功不在於你身在何處，而在於你朝著哪個方向走，並能夠堅持下去。沒有明確的目標就永遠不會到達成功的彼岸。

3　多與外界溝通、交流

獨自生活並不意味著與世隔絕。當你感覺到孤獨的時候，翻一翻你的通訊錄。也許你可以給某位久未謀面的朋友寫封信；或者是給哪一個朋友打通電話，約他去看一場週末電影；或者是請幾位朋友吃頓飯，你可以親自下廚，炒上幾個香噴噴的菜餚，這都會讓人感到心情舒暢。當然，跟朋友的聯繫不應該只是在你感覺到孤獨的時候。要學會常聯繫，常溝通。

4 多關心、幫助別人

學著付出，這很有好處。記住：溫暖別人的火，也會溫暖你自己。

心靈咖啡館

在一座大山的南面長著一棵大樹，樹上有兩個喜鵲窩，兩窩喜鵲都剛剛孵出小喜鵲。當喜鵲們沉醉在喜悅之中時，突然飛來橫禍，其中一窩的母鵲被鷹叼走了，小鵲失去了母親，悲慘的叫著。

另一窩小喜鵲的媽媽正在餵養孩子，牠看見這種情況後，馬上飛過去，把那些小喜鵲全都銜到自己的窩裡來餵養，就像對待自己的親生兒女一樣。兩隻失去母親的小喜鵲，在義鵲媽媽的撫養下，幸福的成長。牠們都親熱的叫義鵲為「義媽媽」。

喜鵲尚且能做到這樣，我們人類更應有愛心。懂得奉獻愛心的人，會感到生活的美好。

5　主動參加一些活動

一些習慣了孤獨的人懂得充分的享受孤獨提供給他的閒暇時光。生活中有許許多多活動都是充滿了樂趣的，而孤獨使你能夠充分領略它們的美妙之處。這種福分，不是那些忙忙碌碌的人可以享受到的。很多有過痛苦經歷的人都說，當他們遭到厄運的襲擊而又不能向人傾訴時，他們會不由自主的走到江邊去，讓清爽的江風吹著，心情就會漸漸的開朗。

「做什麼都難以集中注意力，情緒穩定不下來」——解析自我不確定心理

最高的生活之「道」應該是忠實於自己，把自己視為與眾不同的人，個體的存在是差異性的存在，要忠實於自我的選擇，自我塑造完美的人生。你的命運，只有你自己才能把握。

典型範例

小陳　大一學生

在高中時小陳在班上名列前茅，國中擔任風紀股長，高中任班長，深得老師的信任和

同學的羨慕。考大學成績突出，數學滿分，錄取在一個熱門科系。接到錄取通知書後，非常得意，決心在大學學習中大顯身手，保持在高中時的優越地位。

但入學近一個學期的學習中，學業成績在班上處於中等位置，軍訓時因動作不標準受過多次糾正，人際關係也不太融洽，未擔任主要班級幹部。期中考試成績一般，情緒低沉，決心在期末考試中與班上同學一決高下，但期末考試科目較多，自己在複習時情緒很不穩定，學習效果不佳，看書時注意力難以集中，讀過的內容記不住。為了爭一口氣，連夜苦讀，造成失眠。在期末考試開始前一週，她來到了心理諮商室。

小故事大智慧

聽了小陳的訴說，諮商師基本了解了她的問題。她的問題是由於新生適應不良所產生的自我不確定心理。她在高中所處的資優生地位，與大學成績的中下水準形成了她心理上的強烈落差，也讓她對自我產生了不確定感。她從對自己的自信滿意到現在的自我懷疑，是導致她出現緊張、焦慮和失眠的主要原因。幫助小陳解決心理矛盾，必須從幫助她正確認識自我，挑戰心理落差，消除自我不確定感入手。

解壓之道

在自我意識中，存在著現實自我和理想自我兩個部分。部分大學生或青年朋友到了青年中期以後，由於認知能力的提高，社會生活體驗的加深，產生了理想自我與現實自我之間的差距。在現實生活中，人與人進行人際社交，處理個人生活問題以及學習工作，總要產生一定的結果。年輕人會透過此結果與預期的理想狀態進行比較，並用自身的一套標準對這些結果進行判斷，從而獲得對自己能力、品行、身體、容貌等自我概念。對自我概念滿意，就產生自我認同，不滿意則產生自我否定。對此，應該記住這樣一句話：在這個世界上，我們每個人都是獨一無二的。

說到這裡，究竟應該怎樣消除自我不確定心理呢？對此，著名心理學家班度拉告誡青年朋友可以從以下兩點來調節：

1　調整心態，重新定位自己

如果一個人因為在某種競爭上失敗了，那麼就要調整心態，重新定位自己。這個時候可以採用自畫像的方法，就是讓自己完成「我是誰」這個題目的答案。題目分成三個問題：一個是現實自我，一個是鏡中自我，一個是理想自我。讓自己根據自己的實際情況用一些描述性的句子或詞語來描寫自己的這三個自我形象。這樣，讓自己對自我有一個更為清晰的認識，也就可以消除自己的自我不確定心理了。

心靈咖啡館

有一個老婦人養了兩個女兒，大女兒嫁給了一個賣雨傘的，小女兒嫁給了海邊晒鹽的。自從小女兒出嫁後，老婦人每天都在唉聲歎氣，下雨天她愁小女兒家沒辦法晒鹽，大晴天，她又愁大女兒家的雨傘沒人買。老婦人整天都在愁眉苦臉的過日子，終於有一天她病倒了。

一個過路的智者聽說了這件事，對她講：「你為什麼不這樣想呢，下雨天大女兒家的雨傘好賣了；晴朗天小女兒家正好可以晒鹽，兩個女兒多幸福啊。」

老婦人心頭一亮，是啊，我以前怎麼就沒想到呢？事情還是那個事情，只不過換了個想法，就得到了快樂。

其實，在現實生活中，有些事情是我們左右不了的，改變不了天氣，可以改變我們的心情；改變不了別人，可以改變我們自己呀！

2　不要為自己設定界限，苛求人生

如果你是因為評價標準的變化造成了對自我的拒絕，那麼就需要到心理諮商專家那裡，讓他們幫助自己建立自己的評價標準系統，完善自我意識的發展，從而減少自我衝突，消除自我不確定心理。這個時候，你可以將不同的評價標準列出來，然後和心理專家共同進行批判和評價，這樣做的同時你會感受到充分的自由和保護，這樣，你的自我意識才能得到充分自由的發展和完善，從而消除不確定心理。

心靈咖啡館

傳說古希臘有一個小國的國王很精通數學，他按照全體市民的身高平均數，非常精確的計算和設計了一張金床。

每當有客人到來，國王都用這張床接待他們，而且有一個特殊的規定：客人必須適合這張床，床是無價之寶，不能有任何改動。於是，客人太矮就要被拉成與床一樣長，客人太高就要鋸掉一些適應床。

那個小國的國王也許是帶著世界上最好的動機做每一件事的，但由於苛刻的標準卻使他適得其反。

生命是漫長而無限的，用某一個定義界定是不可能的，也是不合邏輯的。因此說，用某一個標準苛求人生，或者複製人生，只會作繭自縛。只有靠自己的實力，才有可能取得成功，並獲得夥伴的尊重。即使再能偽裝的物種，遲早有一天也會露了馬腳，而那一天也就是他的厄運來臨之時。

3 下面介紹幾種可以讓你更好的了解自己，消除自我不確定心理的方法：

（1）以「我想做……的人」和「我是……的人」這樣的兩個句型，每個句型完成十五個有關自己的陳述句。分析一下理想中的你與現實當中的你有什麼樣的本質性的差別和非本質性差別，然後清醒的認識現實的自我，把理想中的自我作為自己的奮鬥目標。

（2）寫下十到二十個能展現自己性格特點的形容詞，看看是褒義詞多還是貶義詞多？有什麼特色？在哪些方面是突出的？形容詞有沒有性別色彩？和你自己的性別角色是否相符？將形容詞試著歸歸類。然後用筆將分析結果記錄在紙上。

（3）可以想像一下自己將去見一個陌生人（一個從未謀面的新朋友，或是求職面試的主考官等），屆時你將把自己介紹給對方，這時你會做出怎樣的自我描述，有哪些特點是你最想介紹給別人的？有哪些習性是你希望掩飾的？你將最先向別人說些自己的什麼情況？最後才說的又是什麼？然後用筆記錄在紙上。

（4）讓別人幫自己拍一張彩照或直接照鏡子，然後對照片或鏡子中的你進行客觀的分析和評價。觀察一下自己的神情姿態、動作和站位，服裝的色彩，眼神和表情是否自然，從照片中試圖判斷自己的心態，是積極的，還是消極的，是自我肯定的，還是自我否定的？或是看看鏡子中的你是不是喜歡自己的長相和氣質？是不是能接納和認同自己的形象？哪些是自己較為滿意的地方和優點？哪些是自己的不足之處？將分析和評價的結果詳細的記錄在紙上。

「我覺得只有死才能逃離這一切的苦惱」——解析自我調控能力欠佳

一個人應適應時代發展的趨勢，主動調整自己，對自己的角色進行重新定位並積極轉換，逐步增強自我調控能力和自我教育能力，正確認識自己，接納自己，正確處理好各種關係，不斷反思，不斷超越自我。

典型範例

小韓　某公司職員

小韓出生在一個貧困地區的五口之家，父親是醫生，母親是職員，她有一個哥哥和一個姐姐。

小韓的父母關係一向比較緊張，經常發生衝突。父親有藥物依賴，發作起來全家人都不得安寧，小韓每次都覺得很痛苦。小韓從小學習就很勤奮，成績很好。母親對於小韓寄予很大的希望，總是在別人面前讚賞自己的女兒。小韓為了在父母和親戚面前保持優秀的好女兒形象而承受了很大的壓力。由於小韓小時候體弱多病，很少出去跟同儕交往，再加上家庭氣氛不和諧、不開放，小韓養成了內向、敏感的性格，容易自責，遇到事情總是很難釋懷自己。進入職場以後，對於新的大都市環境缺乏心理準備，面對人才濟濟的公司和各種各樣的工作、生活壓力，小韓本來就不佳的自我調控能力現在面臨了最大的挑戰，並且出現了嚴重的失調，導致想要自殺。

小韓訴說了她現在的痛苦：「到了公司以後，我覺得公司裡的人都很出色，原來我自己的壓力就很大，看到其他人各有各的才華，而我好像不但沒有進步，反而心情越來越沉重、煩悶和孤獨。我總覺得我只有死才能逃離這一切的苦惱，如果不是因為我的父母，不是因為我的家庭的養育之恩，不是怕父母經受不了我死的打擊，我真的會一死了之。」

「我現在這樣，什麼用都沒有，將來怎麼可以走上社會呢？我有什麼前途啊？」

小故事大智慧

小韓現在的問題屬於自我調控能力欠佳。主要原因是因為成長經歷不順利，而不順利的成長經歷不但沒有鍛鍊她的心理承受和調節能力，反而讓她變得敏感、自卑、脆弱。特別是在關於自己的評價上面，小韓的自我完美傾向比較明顯，也就是她的理想自我目標很高。就如她自己說的，她一直努力的維持自己在父母心目中的完美形象。進入職場之後，遇到新的生活、競爭環境，她發現自己並不是很出色，於是一直努力維持的形象破滅，轉而過大的誇大自己的不足之處，導致自我否定，並發展成自我厭惡，最後甚至想到自殺，一死了之。

解壓之道

無論從哪一方面來說，增強自我調控能力都是很重要的。良好的自我調控能力是一個人成熟的表現，人們常說的修身養性，其中也包含了自我調控能力，可以這樣說，當你真正學會自我調控時，你才真正成為你自己的主人。

那麼，應如何增強自我調控能力呢？

1　用積極心理進行自我暗示

就像這個案例中小韓的情況，她可以透過大聲對自己說「我喜歡我自己」，然後再說出喜歡自己的多個理由的方法來調節自己。有時候，我們總是找自己的毛病，所以越來越覺得自己不如人，可是如果我們能夠去找到一些喜歡自己的地方，這樣對於我們接受自己是很有用的。

心靈咖啡館

很久以前，有一個古老部落，這個部落有一個傳統：那裡的年輕人想結婚，先要學會捕捉牛的技術。捉了足夠的牛，作為聘禮，送給女家，才可以成家立室。最少的聘禮是一頭牛，最高是九頭牛。這個部落酋長有兩個女兒。有一天，一個青年走到酋長的面前，說喜歡他的大女兒，願意以九頭牛作為聘禮迎娶她。酋長聽了之後，大吃一驚，忙說：「九頭牛的價值太高了，大女兒不值，不如改娶小女兒吧，小女兒值九頭牛。」可是這位青年堅持要娶酋長的大女兒，酋長終於答應了他，這件事轟動了整個部落。

一年後的一天，酋長經過這位青年的家，看見他家正舉行晚會，一大群人圍成圓圈，正欣賞一位美麗的女郎載歌載舞。酋長十分奇怪，去問那位青年這個女郎是什麼人？怎麼酋長會不認識呢？年輕人回答：「她就是酋長您的大女兒啊！」

年輕人以「九頭牛」的價值對待他迎娶回來的妻子，同時酋長的大女兒也確信自己的價值是最高的「九頭牛」的時候，她便發生了脫胎換骨的變化。

你期望你是什麼樣子的，你就要把自己當成你期待的樣子對待，那麼你因你自己的暗示，你就會向你期望的方向發展，最終也會變成你所期望的樣子。

2 懂得一切事物都有個「度」

任何事物都是一分為二的，好事搞不好會變成壞事；壞事在一定條件下也可以變成好事。一切事物都存在著一個「度」的問題，超過限度，物極必反，就會走向事物的反面。

心靈咖啡館

猴子在動物中是很聰明的，而且善於模仿人類的動作。猴子想學種葡萄，便走到葡萄園裡。牠見園丁正給葡萄苗澆水，就說：「原來種葡萄需要水，這還不簡單！我要給葡萄苗澆更多的水，讓它結更多的葡萄！」於是，牠把一棵葡萄秧苗插進河裡，結果葡萄秧苗被淹爛了。

猴子第二次來到葡萄園裡，牠看見園丁在幫葡萄秧苗施肥料，就說：「哦，原來葡萄需要肥料。我要給葡萄施更多的肥料，就能結更多的葡萄！」於是，牠把葡萄秧苗栽在糞堆上，葡萄秧苗也壞死了。

猴於再次來到葡萄園裡，這時已到了冬天，猴子看見園丁用稻草把葡萄秧苗包起來埋在地下，就說：「哦，原來我的葡萄秧苗栽不活，是因為葡萄秧苗害怕寒冷。這次我一定要注意保護，讓它免受嚴寒！」

第二年春天，猴子種上一株葡萄秧苗，而且學著園丁對葡萄秧苗越冬的管理技術，用稻草把葡萄秧苗包得結結實實的埋在地下，結果不到幾天葡萄秧苗就悶死了。

我們都知道，葡萄的正常生長是多種生存條件綜合作用的結果。只有按時澆水，適時、適量施肥，越冬防寒措施跟上，葡萄秧苗才能枝繁葉茂茁壯生長。猴子雖然認識到水分、肥料乃葡萄秧苗生長之必需，卻沒能掌握合理灌溉、施肥技術，造成葡萄秧苗生長期間水分過剩、營養過旺，導致死亡。另外，葡萄植株越冬時，既要防寒保暖，以免凍死，又要保持通風通氣。而猴子只知道防寒保暖，卻不知道還需通風通氣，以致將葡萄秧苗活活悶死。

俗話說：「物極必反。」這個故事告訴我們，任何事物都必須保持其一定的數量界限，雖然在一定界限內，量的變化不會改變事物的本質，但要超出這個界限，量的變化就會引起本質的變化。在自然現象和社會現象中，任何事物都有個「尺度」，只有使事物保持特定的界限，才能不斷促進事物發展。

3　轉移注意力

可以從心理上進行轉移，把自己的感情和精力轉移到其他的活動中去；一種是環境轉移法，就是當要發脾氣時，立刻離開要發脾氣的對象，眼不見心不煩，如果實在要發洩，可以透過其他的方法來發洩怒氣，如大聲喊叫或者去做比較劇烈的運動，比如跑步，騎自行車等。

心靈咖啡館

有個富人做生意一生氣就跑回家去，然後繞著自己的房子和土地跑三圈。後來，他的房子越來越大，土地也越來越廣，而一生氣，他仍要繞著房子和土地跑三圈，哪怕累得氣喘吁吁，汗流浹背。當他已經很老了，走路都要拄拐杖了，他生氣時還要堅持繞著土地和房子轉三圈。

有一天，富人拄著拐杖繞房子走到太陽下山了還在堅持，他的孫子怕他出現什麼意外就跟著他。孫子問：「爺爺！您生氣就繞著房子和土地跑，這裡面有什麼祕訣嗎？」

富人說：「年輕時，我一和別人生氣，我就繞著自己的房子和土地跑三圈，我邊跑邊想：自己的房子這麼小，土地這麼少，哪有時間和精力去跟人生氣呢？一想到這裡，我的氣就消了。氣消了，我就有了更多的時間和精力來工作了。」

孫子又問：「爺爺！您年老了，成了鉅富，為什麼還要繞著房子和土地跑呢？」

富人笑著說：「老了生氣時我繞著房子和土地跑三圈，邊跑我就邊想：我房子這麼大，土地這麼多，又何必跟人斤斤計較呢？一想到這裡，我的氣就消了。」

富人的做法很值得我們借鑒。仔細想想其實任何事都不會使你生氣，讓你生氣的是你的想法。你可以讓自己變得快樂，也可以讓自己痛苦，這都是取決於你的選擇。

4 目標確立要適宜

也就是說，自我期望應建立在符合自己的實際情況、切實可行的基礎之上。年輕人應該有理想、有志向，但這種理想和志向不能是高不可攀的，也不應是垂手可得的，而應該是透過一定努力可以實現的適宜的目標，應該符合個人的個性特點和實際能力水準。一個人給自己確定一個什麼樣的目標很重要，應善於選擇目標，並將長遠目標具體化，由近至遠、由低到高的逐步接近有限的終極目標。

心靈咖啡館

曾經有一位六十三歲的老人從紐約市步行到了佛羅里達州的邁阿密市。經過長途跋涉，克服了重重困難，她到達了邁阿密市。

在那裡，有位記者採訪了她。記者想知道，這路途中的艱難是否曾經嚇倒過她？她是如何鼓起勇氣，徒步旅行的？

老人答道：「走一步路是不需要勇氣的。我所做的就是這樣。我先走了一步，接著再走一步，然後再一步，我就到了這裡。」

為了要達成大目標，不妨先設定「小目標」，這樣會比較容易達到目的。許多人會因目標過於遠大，或理想太過崇高而易於放棄，這是很可惜的。若設定了「小目標」，便可較快獲得令人滿意的成績。你在逐步完成「小目標」時，心理上的壓力也會隨之減小，大目標總有一天也能完成。

「一想到或看到別人比自己出色，我就十分不滿」
——解析妒忌心理

妒忌心理是使人心情變壞、遠離快樂的毒藥，一旦沾染則痛苦萬分，而無法自拔。忌妒別人，不會給自己增加任何的好處。忌妒別人，也不可能減少別人的成就。所以要盡量消除妒忌的想法，給予別人祝福。

典型範例

奧利弗 中年婦女

據報載英國威爾斯一個刑事法庭審理了一樁案子：二十一歲的女大學生布魯克·卡梅

倫由於身材和容貌姣好，引起了三十三歲婦女索賈．奧利弗的嫉妒，並被後者用 BMW 車撞倒，左臂嚴重受傷。不過，遭受此次不幸半年之後，卡梅倫勇敢參加了「威爾斯小姐」選美大賽，並進入決賽。

據英國媒體報導，卡梅倫天生麗質，漂亮大方，可是，也正是因為她的美貌和優雅氣質，引起了奧利弗的深深不滿。她們兩人由於生活在同一個地區，所以偶然認識了。但奧利弗一直都不喜歡卡梅倫，並經常當著卡梅倫面或在背後說她的壞話。然而，卡梅倫萬萬沒想到奧利弗會開車撞她。一天，卡梅倫正要離開一家店，在門口看到奧利弗站在一輛 BMW 車旁邊。緊接著，奧利弗上車鳴汽車的喇叭，並開著車把卡梅倫撞傷了。

在審訊過程中，奧利弗稱是車子的剎車故障，才撞倒了卡梅倫。但最終法庭以她非法傷害他人和危險駕駛兩項罪名，判處她十五個月監禁，三年不准開車。

小故事大智慧

其實，女人與女人之間的嫉妒才是最強烈的。所謂的吃醋就是嫉妒心理的表現。不能夠容忍別人美麗超過自己，這是很多女人的猴王心理的表現，錢鍾書就曾經指出，一個三十多歲的婦女會對十七八歲的女孩子特別的稱讚和關心，但對二十三四的年輕主婦就會產生嫉妒而橫加指責和表達不滿。文中的婦女索賈．奧利弗因為不能夠容忍別人美麗超過自己，感到猴王心理受到了傷害，妒忌心理讓她一直都不喜歡卡梅倫，並經常當著卡梅倫面或在背後說她的壞話，最終開著車把卡梅倫撞傷了。從這點來說，奧利弗的妒忌心理已經發展成了一種病態。

解壓之道

在《三國演義》中，周瑜由於妒忌諸葛亮而被氣死的典故相信大家都耳熟能詳吧，古往今來，世上也有不乏像周瑜一樣的人，只要一見有人某一方面比自己好，他就會想盡各種辦法干擾、挖苦，甚至還會去傷害他，而不是努力的去向別人學習，爭取超過他。心胸狹窄、妒忌他人的人是最愚蠢的。就像周瑜一樣，假如他不妒忌諸葛亮，心胸狹隘，也不至於短命。「妒忌」心理不僅害人，也害己！做人要光明磊落。俗話說：「君子肚裡好撐船」。心中要有一面心靈的鏡子，去觀察別人的長處，檢查自己的短處，取長補短，才能使自己得到更好的發展。

那麼，應如何更好的消除妒忌心理呢？對此，美國著名的心理學家和教育家也是人本化教育思想的代表人物羅傑斯指出：

1　要有自知之明

在生活和學習中，當我們不知不覺的產生某些妒忌心理時，我們可以冷靜的分析一下妒忌的不良作用，同時正確評價自己，從而找出一定的差距，亦即人們所說的「自知之明」。

心靈咖啡館

一隻兔子發誓要當森林之王。

牠一出門，看見兩隻麻雀在打架。牠以為是兩隻飛龍在打架，牠一蹦就把一隻麻雀打倒了，另一隻麻雀感覺不妙，飛了。兔子得意洋洋。

牠看見一頭大象，大象個子特別大，牠以為那就是森林之王，所以毫不客氣的向牠發起主動攻擊。大象也不是好惹的，一鼻子一揮，把兔子給擊飛了。

兔子忍著疼，又去和老虎打了起來。老虎一下子就把兔子吃了。

可憐的兔子牠從沒有想過自己永遠也當不上森林之王。

這個寓言故事告訴我們，人應該正確的評估自己，要有自知之明，不要聽信自己身邊親近的人，或者有求於己的那些人的阿諛奉承之言。

2　要設身處地的為對方著想，誠懇的肯定對方

俗話說，與人方便，與己方便。與人相處，若想得到良好的關係，就應設身處地的為對方著想，以另一種欣賞的角度去欣賞別人的優秀。

心靈咖啡館

妻子正在廚房熱火朝天的炒菜。丈夫在她旁邊一直嘮叨不停：「慢一點。小心！火太大了。趕快把魚翻過來。快鏟出來，油放太多了！把豆腐整平一點。哎喲，鍋子歪了！」

「快把你的嘴閉上吧！」妻子脫口而出，「我知道怎樣炒菜。」

「你當然懂，太太，」丈夫平靜的答道：「我只是要讓你知道一下，我在開車時，你在旁邊喋喋不休，我的感覺如何。」

看來，學會體諒他人並不困難，只要你願意認真的站在對方的角度和立場看問題。以同理心設身處地的替別人想一想，多肯定對方，那世界上就沒有想不開的事情。

3　別好高騖遠，腳踏實地做事

不管別人說什麼，我們都應把頭仰起來走路。做好自己力所能及的事。盡自己的最大能力，腳踏實地的行。一步一腳印。不去學那種好高騖遠，打腫臉充胖子，死要面子，活

受罪的人。靠天靠地靠父母，不是真好漢。給金山給銀山不如學會一項生活的技能。一個人有了技能走到哪裡都可以立足。

心靈咖啡館

一位農夫養了一隻驢子和一條狗。驢子每天日出而作、日落而息，工作非常賣力而且辛苦；而那條狗整天吃飯、睡覺，無所事事，唯一的工作好像就是當主人回家時，搖頭擺尾的跟前跟後，反而得到主人的喜愛。想到這些，驢子不禁自怨自艾起來。

傷心的驢子滿腹委屈，不得已向狗兒請教取悅主人的辦法。狗兒雖然驕傲卻也不吝賜教，他指導驢兒說：「這很簡單啊，你只要學我在白天時好好養精蓄力，待主人回家休息後，諂媚一點，投懷送抱，主人就會對你另眼相看了！」

驢子恍然大悟，對狗兒的賜教感激涕零，決定言聽計從。翌日白天，驢子便呼呼大睡，好不容易等到日落西山，主人從外面歸來，驢子終於鼓起勇氣學狗一般朝向主人胸懷撲了過去……

主人見狀，大吃一驚，心裡緊張的想：「這頭懶驢，今天八成是瘋了，白天不工作也就罷了，竟敢趁著天黑襲擊我！」於是取出獵槍瞄準驢子，毫不猶豫的扣下了扳機。可憐的傻驢就這麼被一槍斃命，嗚呼哀哉。

不管做什麼事都要做到腳踏實地，先把眼前的工作做好。大事業之成功，是要徹底解決眼前的問題。很多人的失敗就在於總是幻想一些所謂的遠大的目標，而對自己眼前的工作和職務看得過於簡單，以為不值得他用全副的精力去做。任何宏偉的目標必須分解成若干個小的目標和計畫，一步一個腳印的去完成每一件「小事」。「不掃一室何以掃天下」，不能做小事的人注定也做不成大事。

「總想逃離，總覺得自己不行」——解析自卑心理

許多專家、學者不斷對人們做出忠告，我們自己有時也會對自己發出資訊，但不論忠告還是資訊，真正起作用的還是你的自信，只要我們認清了自己心理是健全的，那麼對自己所追求、所喜愛的事物，在客觀條件允許的情況下，努力發掘自己的潛力，不懈的追求，用自己的優勢去尋找屬於自己的特長。

典型範例

小王　某公司部門主管

小王從小被寄養在奶奶家，上學才回到父母身邊，父母雖然對他寵愛有加，滿足他的

各種要求，但卻經常批評他，說他這也不對那也不對。總是打擊他，很少對他鼓勵過。這養成了小王膽小怕事的性格。

現在小王已經年近三十，雖然在事業上嶄露頭角，但卻沒有什麼朋友，包括女朋友。其實他也交過幾個女友，但最終都告吹了。因為他總害怕女孩看不上他，所以在向他表示好感的女孩面前總是逃離。這也影響到了他對自己的評價，為此，最近他的工作狀態也不怎麼好。他很苦惱，為什麼總覺得自己不行呢？

小故事大智慧

心理學中有一個規律，就是在孩子小的時候，如果父母忽視他、懲罰他，他首先會覺得是不是自己不好，父母才不喜歡？父母也會傳達給他這樣的資訊：「你不聽話，所以父母才不喜歡你。」這樣的孩子長大以後，往往膽小怕事，謹小慎微，害怕犯錯誤，害怕被批評，拒絕嘗試新事物，人際關係也會出現問題。

這樣的孩子，往往羨慕別人家的父母給孩子的溫暖，自怨自艾，為自己的家庭感到自卑，覺得自己的家庭不如別人家，自己也不如別人，而且認為別人看不起自己。

小王一直想要擺脫自卑，於是在事業上非常努力，雖然現在他已經嶄露頭角，但是事業上的輝煌掩蓋不了消極的自我評價，他還是感到自己不行。

小王找不到女朋友也是同樣的心理，女孩對他有好感，他總是躲避，其實他是害怕與女孩走近之後被女孩發現自己的弱點，拋棄自己。但是，他如果不走近女孩，怎麼能戀愛呢？建議小林敞開自己的心扉，真誠與人交往，真誠與女孩相處。別人不會像他父母那樣，他能尋求到比童年更美好的人際關係。

解壓之道

從大學進入工作階段，是人生一次重要的轉折。進入工作階段後，將更多的面對生活，獨立的對自己、對他人、對社會負責。此時需要更多的自理、自律、自強，需要更多的自覺、主動、創造。為此，應該做好以下幾個方面的心理準備，盡快進行自我調節。

1　擺脫依賴，自主自立

對於大部分人來講，進入職場就意味著飲食起居要自我料理。因此對於一些人來說，必須擺脫依賴心理，逐漸鍛鍊自理能力，學會自立，管理好個人的生活物品和錢，能獨自安排自己的生活和工作。

心靈咖啡館

有個車夫趕著一輛滿載草的車子，不小心掉進了泥坑，因為這是在鄉下的田野上，一個很偏僻的地方，沒有人來幫這個可憐人的忙。

陷入泥坑裡的車夫肝火正旺，罵不絕口。他罵泥坑、罵馬，又罵車子和自己。無奈之中，他只得向舉世無雙的大力神求救。

「海力克斯，」車夫懇求道，「請你幫幫忙，你的背能扛起天，把我的車從泥坑中推出來應該是舉手之勞。」

剛祈禱完，車夫就聽到神從雲端說話了：「神要人們自己先動腦筋、想辦法，然後才給予幫助。你先看看，你的車困在泥坑裡究竟是什麼原因？為什麼會陷入泥坑？拿起鋤頭剷除每個車輪周圍的泥漿和爛泥，把礙事的石子都砸碎，把車轍填平。」

過了一會兒，神問車夫：「你做完了嗎？」

「是的，做完了。」車夫說。

「那很好，我來幫助你。」大力神說，「拿起你的鞭子。」

「我拿起來了。——咿，這是怎麼回事？我的車走得很輕鬆！大力神海力克斯，你真行！」

這時神發話說：「你瞧，你的馬多麼輕鬆的就離開了泥坑！遇到困難，要立足於自己想辦法解決。自己動腦筋想辦法，老天也會助你一把的。

2　平和心態，增強自信

很多人進入職場後，過一段時間就會突然失去自信，感到自己不再優越了，這種心理失落多來自於競爭的對手多了，自己不能再保持像學習時的優越地位了。其次有的人與別人比家庭地位，比穿著，比外貌，這樣比的結果，產生自卑心理，情緒低落，封閉自我。對於這種心理失衡，應該認識到進入工作階段是一個新的起點。自己應揚長避短，從同事身上取長補短，重新計畫自己的新生活。更重要的是正確認識自我，接納自我，給自己一個準確的定位。告訴自己我是獨特的，我喜歡我自己，我一定會做得更好。

心靈咖啡館

一九九七年美國作家辛蒂經多方努力，約定在莊重典雅的曼哈頓俱樂部採訪柯林頓的夫人希拉蕊。那天辛蒂早早的便在大廳等候，可時間到了第一夫人還沒來，於是她悄悄拿出手機，想了解一下情況。守門的老頭走過來：「夫人，你在做什麼?」辛蒂說：「我跟總統夫人有個約會。」老頭說：「你不可以在這裡使用手機，請你出去。」終於等來了希拉蕊，陪著她的還有總統府高官要員，老頭又來了，他見辛蒂與總統夫人在大廳裡高談闊論，就對她說：「這是不允許的行為，你們必須馬上離開！」柯林頓夫人見勢忙說：「我們走吧。」守門人一直微笑著，顯現出他良好的修養，可聲音卻是威嚴的，絲毫沒有商量的餘地，更沒有面對權貴或名人時的媚笑和奉承。

想想我們，常常因為自己出身卑微、貌不驚人等原因而失去自信，似乎在眾人面前低人一等，無法輕鬆的微笑，更談不上自尊自愛了。

其實，在社會文明發展的今天，無論是高官顯貴，還是平民百姓，都無須盛氣凌人或低人一等。只要我們每個人都用一種平和的心態看待別人和自己，就時常會輕鬆的微笑。

3　遠離誘惑，珍惜時間。

社會中的誘惑是非常多的，有的人穿戴名牌，iPhone 系列手機，筆記型電腦一個不少，有的人四處兼職打工賺錢，收入不菲；有的人花前月下，浪漫放縱；有的人網路遊戲激戰，或昏天暗地的娛樂等等。面對這些，千萬不要迷失自我，要保持清醒的頭腦，冷靜面對。要知道努力工作是最重要的事情，只有努力的工作，才能更好的面對未來的學習和生活。

心靈咖啡館

「有兩個人，他們在一條風景優美的路上散步，沿途的風景讓他們覺得很快樂。由於兩個人的步伐不一致，乙慢慢的掉在了甲的後面，這種感覺讓他有點不開心。乙慢慢的加快了步伐，很快便走在了甲的前面，甲看到這種情況，也加快了步伐，很快便超過了乙。如此反覆，兩個人越走越快，從最初的散步，到大步流星，再到後來的奔跑。他們的精力都專注於誰跑得更快，而無暇顧及路邊優美的風景。」

由於兩個人的精力都放在奔跑上了，但從欣賞風景角度獲得的幸福卻降低了。這個寓言也是當今物質競爭社會的一個縮影，雖然很多人賺的錢越來越多，但他們的幸福感並沒有增加，反而因為相互的比較，忽略了生活中那些讓人快樂的事情。

4　學會合作、交流、溝通和分享。

社會是一個大舞臺，在這裡有各種資訊和各種社團活動，應該根據自己的興趣特長有選擇的參與社團活動，加入不同的集體中。這對於培養自己的集體主義精神，合作意識，處理好人際關係都大有好處，從中還會獲得友誼，溫暖和快樂。

心靈咖啡館

一個人身體上的四肢看到胃成天不工作，心裡很不平衡，它們決定像胃那樣，過一種不勞而獲的日子。

「沒有我們四肢，」四肢說，「胃只能靠西北風活著。我們流汗流血，我們受苦，我們做牛做馬的工作，都是為了誰？還不是為了胃！我們什麼好處也沒有得到，我們全在忙碌，為它操心一日三餐。我們現在馬上停工別做了，只有這樣，才會讓它明白，它得讓我們養著它。」

四肢這樣說了，果真也這麼做了。於是，雙手停止了拿東西，手臂不再活動，而腿也歇下了，它們都對胃說已經侍候夠它了，讓胃自己勞動，自己去找吃的。

沒過多久，飢餓的人就直挺挺的躺下了。因為心臟再也供不上新鮮的血液，四肢也就因此遭殃，沒有了力氣，軟綿綿的躺著。

這下，不想做工作的四肢才發現、在全身的共同利益上，被它們認為是懶惰和不勞而獲的胃，要比它們四肢的作用大得多。

這個故事告訴我們：人與人之間既是一個獨立的個體，又是一個密不可分的群體。一個人如果完全脫離社會，那他根本就不可能生存下去。只有懂得他人的重要，才會在生活、工作中自由快樂的成長。

「比來比去，總覺得比別人強」——解析自大心理

自負有時是好的，它可以激勵人，但人更需要一份自信，能夠把握自負和自信的界限似乎很難，但一個真正有自知之明的人，了解自己的人才會從心底散發這自信淡雅的清香。

典型範例

小許　資深業務

小許人長得漂亮，有一雙會說話的大眼睛，能歌善舞，性格發展比較全面，在朋友和家人中都是個受歡迎的人，父母看著喜歡，公司主管更是視為心腹。

有個這樣能幹的人，作為公司主管當然十分高興，一直都很重用她，凡事都多讓她接觸、參與，可漸漸的主管和同事夢發現她越來越自命不凡，和人們之間的糾紛也越來越大了。年初公司評選銷售副理，她不是說這個「太笨」，就是說那個「不會說話」，不是搖頭就是撇嘴，意思十分露骨，全公司除了她沒人能當了！也許正是她的這種態度，引起了同

事們的不滿，最後投票時，她以十票之差落選了，當時，她就哭了，中午拒絕吃飯表示對競選的不滿。

小許從小就成績好，能力強，倍受家長老師的寵愛，所以漸漸養成了自大心理，競選失敗後沒有從自身找原因，而是以不吃飯等偏激行為來表達自己的不滿，受挫能力極差。

小故事大智慧

驕傲自負、看不起別人，是許多能力突出的人身上的通病。案例中的小許身上典型的表現出了這種高傲的心理。她目中無人、唯我獨尊，同事沒一個在她眼裡，以至於大家都不願和她接近。像她這樣懷有高傲心理、瞧不起別人的人往往既看不到自己的缺點，也看不到別人的優點，比來比去，自己總比別人強。有這種心理的人自己要察覺到自己的缺點，自己要有改正缺點的必要。

很多像小許這樣優秀的人長期生活在「糖水」中，很少受挫折，缺乏心理承受能力，形成了外表光亮堅硬、實則不堪一擊的「蛋殼心理」。只是一次評選的落選，她就急得掉眼淚，這對將來的人生道路是有很大影響的，誰能保證她將來永遠一帆風順？如果生活中遇到更大的挫折又將如何？

解壓之道

在自大心理的支配下，個體往往擴大現實的自我，形成錯誤的不切實際的理想自我，並認為理想自我可以輕易實現。這種類型的人往往盲目樂觀，以自我為中心、自以為是，不易被周圍環境和他人所接受與認可，容易引起別人的反感和不滿。

針對自大心理的治療，我們提出了以下幾點意見和方法：

1　與人平等相處

自負者視自己為上帝，無論在觀念上還是行動上都無理的要求別人服從自己。平等相處就是要求自負者以一個普通社會成員的身分與別人平等交往。

心靈咖啡館

一個國家的女王和丈夫鬧了點彆扭。晚上，女王回到臥室，見房門緊閉，只好敲門。

「誰？」裡面響起了女王丈夫的聲音。

「索貝拉女王！」女王很傲慢的答道。

門裡面沒有了動靜。

過了一會，女王又敲敲門。

「誰？」裡面的丈夫大聲問道。

「索貝拉。」女王的聲音比先前緩和了許多。

裡面又沒有了動靜。女王不見門開，只好硬著頭皮又敲了幾下門。

「誰？」裡面的聲音依然生硬。

「你妻子。」女王柔聲的說道。

話音剛落，門立即就打開了……

在一個家庭裡，夫妻二人要長期相愛廝守，平等相處，互相尊重是非常重要的。任何一方都不應高高在上，即使你在外面是主管，即使是國家元首也不例外。同樣，在日常生活中與人也要平等相處，互相尊重。

2 要學會接受批評

自負者的致命弱點是不願意改變自己的態度或接受別人的觀點，接受批評即是針對這一特點提出的方法。它並不是讓自負者完全服從於他人，只是要求他們能夠接受別人的正確觀點，透過接受別人的批評，改變過去固執己見、唯我獨尊的形象。

心靈咖啡館

山雞聽說長頸鹿蓋了一座高大挺拔的房子，森林裡的動物紛紛去參觀，大家都非常羨慕、稱讚。山雞見了，也非常羨慕，於是趕忙回到家，迅速的拆掉了自己的破屋，用了好長時間，費了很大的力氣蓋了一個與長頸鹿同樣的房子，以為這樣也可以得到動物們的羨慕、稱讚。

事實還如牠所想的那樣，所有的動物也都來祝賀，只有山雀沒來。當大家交口讚歎時，山雞非常高興。

轉眼冬天到了，山雞在自己冰冷的家中，縮成一團。然而，只要有人來看自己的房子，牠便裝作一副非常高興的樣子。

一次，山雀來了，對牠說：「不要總為別人活，要為自己活，愛慕虛榮，最吃苦的是自己。」

山雞非但不接受山雀的批評和教誨，還非常不屑的說：「山雀畢竟是山雀，你總跳不出自己的圈子，目光短淺，成不了什麼大事的。」

冬天的天氣一天天冷起來，山雞一天天受凍，但牠只要一想到別人的誇讚，便又洋洋自得起來，最終卻被凍死了。

不要只是高興於別人對自己的讚美，而不接受他人對自己的大聲忠告和教誨，那是不利於自己的成長的。虛榮會被名利所累，追求事物的根本，才能使自己真實的生活在世界上。

3 提高自我認識

要全面的認識自我，既要看到自己的優點和長處，又要看到自己的缺點和不足，不可一葉障目，不見泰山，抓住一點不放，未免失之偏頗。認識自我不能孤立的去評價，應該放在社會中去考察，每個人生活在世上都有自己的獨到之處，都有他人所不及的地方，同時又有不如他人的地方，與人比較不能總拿自己的長處去比別人的不足，把別人看得一無是處。

心靈咖啡館

日本保險業泰斗原一平在二十七歲時進入日本明治保險公司開始推銷生涯。當時，他窮得連中餐都吃不起，並露宿公園。

有一天，他向一位老和尚推銷保險，等他詳細說明之後，老和尚平靜的說：「聽完你的介紹之後，絲毫引不起我投保的意願。」老和尚注視原一平良久，接著又說：「人與人之間，像這樣相對而坐的時候，一定要具備一種強烈吸引對方的魅力，如果你做不到這一點，將來就沒什麼前途可言了。」原一平啞口無言，冷汗直流。老和尚又說：「年輕人，先努力改造自己吧！」「改造自己？」「是的，要改造自己首先必須認識自己，你知不知道自己是一個什麼樣的人呢？」老和尚又說：「你要替別人考慮保險之前，必須先考慮自己，認識自己。」

任何時候，都要清醒的認識自己，保持理智。自大無知只能給自己帶來傷害甚至毀滅。永遠記住：越是膚淺的越得意忘形自命不凡；越是深厚的越誠信篤行保持低調。

4　以發展的眼光看待自負

要以發展的眼光看待自負，既要看到自己的過去，又要看到自己的現在和將來，輝煌的過去可能標誌著你過去是個英雄，但它並不代表著現在，更不預示著將來。

下面介紹兩種方法，可以幫助自負者更為全面的認識自己：

（1）考察一下自己在人群中處於怎樣的位置？屬於怎樣一類人？比如：參加活動時你會處在怎樣的位置？靠前排的顯眼處呢，還是後排不為人注意的角落呢？在人際社交中你會選擇什麼樣的人做你的朋友？是志趣相投，還是性格互補？從中可以分析一下自己的個性特徵是怎樣的，並把結論記錄下來。

（2）想想自己的過去、現在和未來，在紙上畫三個圓圈分別代表自己的過去、現在和未來。這些圓圈是否連貫？這些圓圈是否圓滿？心理學家認為，如果圓圈是連貫的，則表明你對自己的看法是完整的，而哪個圓最大，則表明你對哪個圓所代表的時期最傾注了自己的感情。比如過去的那個圓最大，說明你對過去很是懷念，渴望能回到過去的美好時光；若未來的那個圓最大，則暗示你對未來寄予了很深的期冀，希望明天會更好。

第二章　塑造一個健康的你

人格是終生受用的財富，知識是可以慢慢累積的，但有知識並不能決定一個人能夠走多遠，但是如果有一個健康的人格，良好的心態，健康的體魄，它可以讓你去獲得你應獲得的東西，不斷的進步。

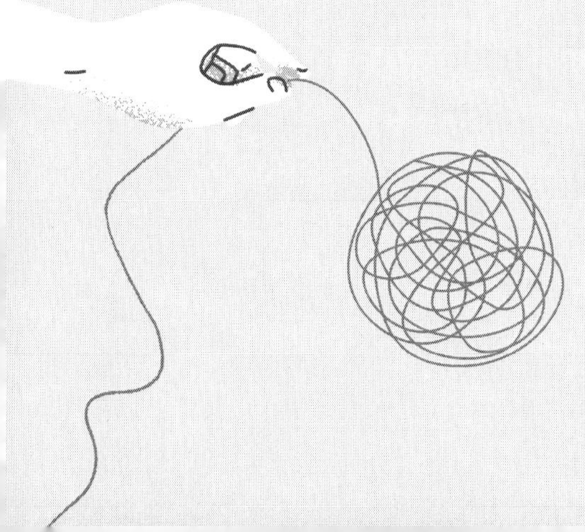

「離開了父親，我怎麼辦呢？」——解析依賴型人格

人類社會不是暖巢，那裡既有明媚的春光，美好的友情和親情，也有驚濤駭浪。一個人要能夠在社會的海洋裡搏擊而不至於淹死，必須有強健的體魄和堅強的意志，掌握謀生的技術和本領。為了我們個人的未來一定要學會自立。

典型範例

陳淨淨　從事電腦工作

陳淨淨出生於知識分子家庭，父母均為大學教授。她在家中最小，上有一個姐姐。

陳淨淨自小較受父親寵愛，在家什麼小事都由父親替她做，較少自己獨立做自己的事。上小學時，因怕路上會危險，都由父親陪伴上學。週末想出去玩，也常由父親陪著。由於這種長久的習慣，就是上了大學以後，她也很少在學校與同學交往，不用說，很少與男同學交往過。雖然父母都在大學教書，但性格上父親較母親精明能幹，做事有主見，處理問題能力強，因此父親在家庭中占主導地位；陳淨淨自小就很敬佩父親，並且事事都依賴父親，並以此為樂。在家庭中父親極注重孩子的教育，與孩子經常溝通，幫助孩子處理或決定事情；因此孩子有問題或困難，也都找父親幫助，在心目中也較尊重父親。無形

中，女兒跟母親就缺乏親近，很少與母親談女人的悄悄事。

由於陳淨淨已二十多歲了，經朋友好意介紹，與男友相識。該男友與她同年，已獲有碩士學位，智力較高，條件很好。照一般情況說來，該算是很好的異性對象。但陳淨淨覺得男友對於社會經驗少一些，顯得不夠老練和成熟。尤其與自己的父親相比，更顯得社會能力差，不夠理想。她認為理想的男人不僅要智力超群，而且社會能力要像父親一樣很能幹。

但是她內心又很矛盾。因這次總算是頭一次交男友，看男友蠻喜歡她的，總邀她出去，想跟她親近，結果卻讓她覺得心慌，不知如何去應付。一方面腦子裡想，這個男友不夠理想，一方面又想到自己年紀也不小了，女兒長大該出嫁，不能太挑剔。但最糟糕的，還是自己慢慢喜歡上這個男友，但又擔心將來失去能幹的父親，需自立處理，那又怎麼辦？

在陳淨淨成長的過程中，有這樣一件事：當她從小學進國中時，因父親已不能陪她上學，她有所反應，曾一度發生情緒上的毛病，患了憂鬱症。當時看了精神科醫師，並經父親細心照顧以後，短期內就好轉了。但這次陳淨淨又開始憂慮，怕萬一有一天自己又生病了，照顧不了自己，而將來的丈夫又不能做，不會細心照顧她，那又怎麼辦等等。總之，由於這些一連串的心理煩惱，讓她腦子裡覺得亂，也恐慌、緊張，不知所措，唯恐自己會發瘋起來。

小故事大智慧

很明顯，陳淨淨是由於自小依賴且愛慕父親，缺乏獨立自主的性格。一旦遇到與父親疏遠的情況，就產生心理恐慌的反應，說明她的人格是一種依賴型人格。

美國著名心理學家霍妮提出了著名的精神官能症人格理論，歸納了三種精神官能症的人格類型：依賴型、反對型和逃避型。霍妮在分析依賴型人格時，指出這種類型的人有幾個具體的表現特徵：

1 深感自己軟弱無助，有一種「我很渺小可憐」的感覺。當要自己拿主意時，便感到一籌莫展，像一艘迷失了港灣的小船，又像失去了母親的灰姑娘。

2 理所當然的認為別人比自己優秀，比自己有吸引力，比自己能幹。

3 無意識的傾向於以別人的看法來評價自己。

霍妮指出，這類人群的潛意識以為如果自己依從了，別人就不會傷害自己。依賴性其實在本質上來說就是依賴型人格的具體表現。如果依賴性過強，而且總是以這種單一的方式來應付生活問題，那麼這種應付方式就變成了問題，當事人反而變得無法解決問題了。

依賴型人格的處世方式使得他們越來越懶惰、脆弱，缺乏創造性和獨立性。由於這類人群處處委曲求全，他們會感到越來越多的壓抑感，這種壓抑感阻止著他們為自己做點什麼或有什麼個人愛好、想法和行為。依賴型人格對親近與歸屬有過度的渴求，這種渴求是強迫的、盲目的、非理性的，與真情實感無關：依賴型人格的人寧願放棄自己的個人興趣、人生觀，只要他能找到一座靠山，時刻得到別人對他的體貼與愛護就心滿意足了。

進入職場的人在生活上必須要求自己具有自理能力。而在心理上的依賴性有時候會使這樣的人覺得痛苦，因為他們總是不由自主的要去附和別人，他們總是不能自己做決定，需要拿別人的標準來評價自己，對於自己的未來，他們缺少方向和目標，不過，有些人卻沒有意識到自己的這種依賴性，假如任其發展下去，可能會發展成為依賴型人格障礙。

解壓之道

對依賴型人格的人群的治療，可以讓他們逐步在心理醫生的引導下循序漸進的進行，是可以得到糾正的。以下是對依賴型人格的一些處理建議：

1　做一些略帶冒險性質的事，以增加勇氣

可以選做一些略帶冒險性的事，每週做一項，例如：獨自一人到附近的風景點做短途

旅行；獨自一人去參加一項娛樂活動或一週規定一天「自主日」，這一日不論做什麼事情，絕不依賴他人。透過做這些事情，可以增加你的勇氣，改變你事事依賴他人的弱點。

心靈咖啡館

有一老闆招聘雇員，有三人應聘。老闆對第一個應聘者說，通道有個玻璃窗，你用拳頭把它擊碎。應聘者執行了，幸好那不是一塊真玻璃，不然他的手就會嚴重受傷。老闆又對第二個應聘者說，這裡有一桶髒水，你把它潑到清潔工身上去。她此刻正在樓道轉角處那個小屋裡休息。你不要說話，推開門潑到她身上就是了。這位應聘者提著髒水出去，找到那間小屋，推開門，果見一位女清潔工坐在那裡。他也不說話，把髒水潑在她頭上，回頭就走，向老闆交差。老闆此時告訴他，坐在那裡的不過是個蠟像。

老闆最後對第三個應聘者說，大廳裡坐個胖子，你去狠狠擊他兩拳。這位應聘者說，對不起，我沒有理由去擊他；即便有理由，我也不能用擊打的方法。我因此可能不會被您錄用，但我也不執行您這樣的命令。此時，老闆宣布，第三位應聘者被聘用，理由是他是一個勇敢的人，也是一個理性的人。他有勇氣不執行老闆的荒唐的命令，當然也更有勇氣不執行其他人的荒唐的命令了。

一個人做事要有主見，不要別人說什麼就是什麼，要對此加以分析，這樣才能更好的發展自己。

2　使用詭控制法

詭控制法是指在別人要求的行為之下增加自我創造的色彩。例如：你從朋友或同事的暗示中得知她喜歡看書，你在她生日的時候送她一本書，似乎有完成任務之嫌。但這類事情的次數逐漸增多以後，你會覺得這樣做也會給自己帶來快樂。你如果主動提議帶朋友去郊外旅行，或帶朋友去家中做客，就證明你的自主意識已大為強化了。

3　消除童年不良印跡

依賴型的人缺乏自信，自我意識較低，這與童年時期的不良教育在心中留下的自卑痕跡有關。你可以回憶童年時父母、長輩、朋友對自己說過的具有不良影響的話，例如「你真笨，什麼也不會做」，「瞧你笨手笨腳的，讓我來幫你做」等，你把這些話語仔細整理出來，然後一條一條加以認知重構，並將這些話語轉告給你的朋友、親人，讓他們在你試著做一些事情時，不要用這些話語來指責你，而要熱情的鼓勵、幫助你。

心靈咖啡館

在一個偏遠、封閉的小鎮只能聽到兩個電臺：第一個電臺專門廣播名人消息、或是熱門歌曲排行榜，它的收聽率相當高；第三電臺則是氣象專業電臺，它的聽眾只有一小群人。

一天晚上，氣象電臺發出緊急警告：一個威力驚人的「龍捲風」將在午夜來襲本鎮，電臺呼籲鎮民立即疏散他處。這一小群聽眾立刻組織起來，有的去找鎮長，有的到街上敲鑼打鼓，有的打電話給第一電臺，請求播出龍捲風消息，好保存身家性命。鎮長說：「本鎮從未有過龍捲風，龍捲風的消息是氣象電臺誤報或捏造，為的是提高收聽率。」敲鑼打鼓的人則被視為瘋子。而第一電臺則以現場正在訪問名人為由，不肯插播這一條「生死存亡」的消息。

午夜過後，小鎮被夷為平地，後來者沒有人知道這塊地曾經是一個小鎮。

有時候，我們習慣於被別人的看法左右，常常有他人如何我就如何的想法。其實，這種惰性往往會把我們帶進認識的誤解，而和他人一起招致不幸。

4　對待主觀意識中等的事件，應提出改進的方法，並在以後的行動中逐步實施

例如：在訂工作計畫時，你聽從了同事的意見，但對這些意見你並不欣賞，便應把自己不欣賞的理由說出來，說給你的同事聽。這樣，在工作計畫中便摻入了你自己的意見，隨著自己意見的增多，便能從聽從別人的意見逐步轉為完全自作決定。

心靈咖啡館

一個士兵騎馬給拿破崙送信，在到達目的之前猛然跌了一跤，那馬就此一命嗚呼。拿破崙接到了信後，立刻寫了回信，交給那個士兵，吩咐士兵騎自己的馬，迅速把回信送去。

那個士兵看到那匹強壯的駿馬，身上裝飾得無比華麗，便對拿破崙說：「不，將軍，我是一個平庸的士兵，實在不配騎這匹華美強壯的駿馬。」

拿破崙回答道：「世上沒有一樣東西，是法蘭西士兵所不配享有的。」

世界上到處都有像這個法國士兵一樣的人！他們以為自己的地位太低微，別人擁有的種種幸福，是不屬於他們的。他們以為自己是不能與那些偉大人物相提並論的，是不配享有別人的幸福的。你有過這樣的想法嗎？

沒有一樣東西是你不配享有的。只要對自己充滿無可限量的信念，就能在你身上產生自信。一個人如果在表情和言行上時時顯露著卑微，不信任自己，不尊重自己，那麼這種人自然得不到別人的尊重。

5 對待主觀意識較強的事件，以後遇到同類情況應堅持這樣做

例如某一天按自己的意願穿鮮豔衣服去工作，那麼以後就堅持穿鮮豔衣服工作，而不

要因為別人的閒話而放棄，直到自己不再喜歡穿這類衣服為止。這些事情雖然很小，但正是改正不良習慣的突破口。

心靈咖啡館

當兵一個多月，還從沒出過營門，聽說這下要去看幾十里外的都市，可把大夥樂的，跟過年似的。只有小李，一聲不響，坐在床上，看大夥忙碌著出發。班長見了，催促道，小李，還不快準備下，馬上要集合了。小李應答一聲，站起身，東看看西瞧瞧的想準備個什麼，可雙手依舊虛空的垂掛著，沒一點忙碌的意思。你怎麼了小李，是不是不想走啊，班長吆喝道。小李一下接過話頭，是不是可以不去的，班長？

班長看了小李一眼，你是不是不想去嘛。小李點點頭，可以不去我就不去了，一邊說一邊來來回回的搓著手。為什麼？班長走過來。小李低下頭，沉默了許久才說，我沒錢，去城裡沒意思。班長說，沒錢去看看也好嘛。不想看，小李說，光看有什麼意思呢。班長說你想好了，進回城可不容易，不是想去就能去的，過了這村沒這店！小李說想好了，不去。看了看班長又說，如果規定要去我就去。那倒沒規定，班長說，你自己決定吧，要去就趕緊準備下，不去就算了。小李說，算了，不去。

對於有些小事既然自己已下了決定，就堅決執行，不要跟隨多數，也不要後悔。不要小看這些小事，如果能常常很快的做出決定，反而可以鍛鍊自己的思維獨立性。

「憑什麼要聽你的？你憑什麼命令我？」——解析被動式攻擊個性

一個經常為自己的人生做決定的人，他的生命力是汪洋恣肆的，儘管因為年輕，他會遇到一些挫折，但那些挫折最終會和成就一起，讓他感覺到自己的生命是豐富多彩的，更重要的是，這是自己的。

典型範例

小姜 服裝店老闆

小姜的父親是個很嚴厲的人，對家人經常都是用一種命令的口氣說話，而且從來不聽別人的意見，母親經常被父親氣得大哭，而小姜小時候也常常因為完成不了父親的要求而受到嚴厲的打罵。

小姜對父親又氣又恨，對父親的那種命令的口氣無奈又厭惡。長大以後小姜漸漸對父親的命令越來越反感，發展到後來隨口答應後就不理不睬了。小姜心裡總是會對自己說：「你憑什麼老是命令我？」他對父親用了一種迂迴的反抗方式，也就是我們說的被動式攻擊型人格。

後來小姜發展到對其他人也用了這種方式，只要是別人提的要求，他都會很快答應下了。可是過後總是拋在一邊不理。在小姜的潛意識裡，他會覺得：「我為什麼要聽你的？你憑什麼命令我？」這就是小姜會變成現在這樣一個人的原因。

小故事大智慧

如果你仔細觀察，在我們周圍的形形色色的人群中，就會發現存在這樣一種人：他們做事極其拖延，沒有時間概念，他們非常喜歡透過讓別人等待來控制人際關係，為遲到編造各種謊言。

這類人群做事總是推託，叫他做事情，即便是一件很小的事情，如倒垃圾，他們通常是回答得好好的，但他們往往會拖很長時間也不把這件事情做好，當我們提醒他們時，他們又滿口答應，但仍然拖到猴年馬月。

他們還會「選擇性遺忘」很多事情。當他們在和人相處的時候，他們表現為害怕親密的關係，如對愛情常有一種恐懼感，老覺得愛情很可能是一種陷阱，總是故意和關係近的人保持距離。

在人際關係中，他們總感覺受傷害、失敗，但又對其他人表面上順從。這樣的人好像也說不出有什麼大的不妥，可是有時候又會被他氣得無可奈何。

以上提到的這類人群的個性在心理學上被稱為被動式攻擊個性，而這種個性如果比較嚴重的話，就會成為一種人格缺陷，稱之為被動式攻擊型人格障礙。這種人格是一種比較隱蔽的人格，表面上，擁有這種人格的人，顯得很謙卑、很順從，在很多方面，都比較被動，有點逆來順受的感覺。別人常說「這種人沒脾氣」，他們常常被別人描述為大好人。

美國心理學家賴特納．韋特默認為：在現實生活中，這種被動式攻擊人格的行為方式，還有另一層面的作用，就是消極抵抗。他們常用的方式，就是沒有反應。其實，沒有反應，就是一種最明確的反應，它可以代表厭惡、拒絕、蔑視等負面情感，這是一種無聲但又十分有效的攻擊手段。「被動式攻擊」一詞，就是由此而來的。

應該承認，被動式攻擊也是一種生存智慧。不過這種智慧會帶來很多負面影響。首先，這些人意識不到，別人的主動和自己的被動，不一定是別人壓迫自己的結果，而有可能是自己的性格傾向，導致別人以壓迫的方式和自己互動；他們意識不到，被動中也蘊涵著攻擊，有時候，甚至是致命的攻擊；他們也難以察覺，他們能從被動式攻擊中獲得好處

——贏得同情、獲得聲援、將別人置於被告和施虐者的位置。

解壓之道

對於存在被動式攻擊個性的當事人的治療，可以讓他們逐步在心理醫生的引導下循序漸進的進行，是可以得到糾正的。以下是對依賴型人格的一些處理建議：

1　認真對待他人的要求

面對他人的要求要明確的提出自己的要求，並要求對方明確的回應：清楚的知道你想要什麼？多用「我」字開頭，避免泛泛而談。特別要注意指出對別人哪些地方不喜歡，哪些地方是喜歡的。無論何時你沒有得到清楚、直接的答案時，就再問一遍，但不要怒氣衝衝的問。

心靈咖啡館

一把堅實的大鎖掛在大門上，一根鐵桿費了九牛二虎之力，還是無法將它撬開。鑰匙來了，它瘦小的身子鑽進鎖孔，只輕輕一轉，那大鎖就「啪」的一聲打開了。

鐵桿奇怪的問：「為什麼我費了那麼大力氣也打不開，而你卻輕而易舉的就把它打開了呢？」

鑰匙說：「因為我最了解他的心。」

每個人的心，都像上了鎖的大門，任你再粗的鐵棒也撬不開。唯有關懷，才能把自己變成一支細膩的鑰匙，進入別人的心中，了解別人。

2 對己真誠

在任何情況下，確定你真正的需要和欲望。確定自己的極限。你需要確定兩種行為極限：什麼樣的行為是你可以忍受的；什麼樣的行為是你願意做的。記住，你對別人的期望，也會是別人對你的期望。

3 就事論事

關注此時此刻發生的事情。不要把陳年舊帳翻出來，也不要盯著遙遠的未來。有時候要做出合理的讓步，並為可能帶來的結果做好準備。

心靈咖啡館

古代有位老禪師，一天晚上在禪院裡散步，發現牆角有一張椅子。心想這一定是有人不顧寺規，翻牆出去遊玩了。

老禪師搬開椅子，蹲在原處觀察，沒多久果然有一位小和尚翻牆而入，在黑暗中踩著老禪師的後背跳進了院子。

當他雙腳落地的時候，才發覺剛才踏的不是椅子，而是自己的師傅，小和尚頓時驚惶失措。

但出乎意料的是，老和尚並沒有厲聲責備他，只是以平靜的語調說：「夜深天涼，快去多穿件衣服。」

小和尚感激涕零，回去後告訴其他師兄弟，此後再也沒有人夜裡越牆出去閒逛了。

一隻腳踩扁了紫羅蘭，它卻把香味留在那腳跟上，這就是寬容。寬容會使人生得到昇華，在昇華中找到平靜，在平靜中得到幸福。

4　勇敢面對

如果別人傷害了你，告訴他們「我感覺受傷了」。如果其他人說了很愚蠢的話，請對他重複一遍他說過的話，「你剛才說了……」這可以有效的維護你的權力。

心靈咖啡館

一個計程車司機每天都從固定的車站出車，在固定的道路上開車拉客，他的生活就如同他的車速一樣平穩而又順暢。

一天，司機剛從車站把車開出來，一個牛高馬大的男人就蠻不講理的跳上車子，大聲說道：「快載我走，老子坐車可是從不付錢的！」說完，還狠狠的瞪了司機一眼，司機想回敬幾句，但一瞧自己矮小的個子和瘦弱的身軀，哪裡敵得過他？所以，只好乖乖的受那個大漢的擺布……

第二天，那個人又來了，說著同樣的話，還用同樣的眼神瞪著他，司機害怕了……

就這樣，在屈辱和無奈中，司機熬過了一天又一天……

每當司機吃飯時，睡覺時，都會想起那個人凶惡的面目，心裡就憋著一股子氣。

有一天，司機吃著飯的時候，突然「騰」的站了起來，斬釘截鐵的說：「不行，這樣下去我可要虧本了，我要為自己的尊嚴而奮鬥！」

於是，司機就每天去健美中心進行訓練，他要把自己訓練成一個身體非常強健的人，然後去對付那個蠻不講理的無賴！

一股強大的力量激勵著他，司機每天拉完客就往健身的地方跑，他不怕苦不怕累，進行艱苦的強身訓練。

有付出就有收穫，終於有一天，他發現自己的肌肉變得結結實實了，兩隻手臂也感覺力大無比，現在他已成了一個高大強壯的人了。

為了尊嚴而鬥爭的日子也漸漸來臨了。這天，一大早，司機又出車了，那個大漢一跳上車又說：「我不會付錢的！」司機站了起來，高舉那雙結實有力的大手，雙眼圓睜怒視著他，口裡吼著：「不給，你先試試我這個！」那個人一看不妙，往日的囂張氣焰跑到了九霄雲外，司機還沒有說出第二句話，他就灰溜溜的逃跑了。

「尊嚴重如山，尊嚴是神聖而不可侵犯的。」司機終於勝利了，他為自己找回了尊嚴。

「看到人總是低著頭，對人總是有意迴避」——解析迴避型人格障礙

對人生的風風雨雨，逃避它，你只有被捲入洪流，迎向它，你卻能獲得生存。迎向風雨面對這些不利因素，我們應當無畏無懼，以堅韌不屈的意志和審時度勢的理性心態去戰勝它們。

典型範例

周勇　行銷主管

周勇的智商並不低，他興趣廣泛，思維敏捷，然而在二〇〇〇年考大學時，他卻名落孫山。後來周勇去了一家電腦公司做行銷工作。行銷工作雖然辛苦，但收入頗豐。周勇的

工作也很出色，業績好，多次受到老闆的嘉獎，並擔任了行銷主管。一年後，公司招募了三名大學生，其中一人做了他的助手。

有一名大學生做他的助手，本來可以使他的事業如虎添翼。然而周勇卻因為身邊的同事都是大學生，自己卻是高中畢業深感自卑而陷入了自身的泥淖。他變成了另外一個人：情緒低落，不愛講話，工作熱忱大打折扣。

三個月後，老闆看到他的業務績效下降，便撤了他的行銷主管的職務，並讓周勇的助手來接替他。在這之後，周勇的情況更為惡化，他不與任何人說話，看到人總是低著頭，當別人主動與他接近時，他總是有意迴避。

有一次，公司舉辦晚會。原則上，所有的人都要參加。但只有周勇一個人沒有報名參加。公司主管邀請他參加，他也就和大家一塊參加排練了，但正式演出時，他卻一個人不知跑到哪裡去了。

小故事大智慧

案例中周勇的情況應該是患了迴避型人格障礙。因為他的情況與迴避型人格的特徵、表現非常符合。而迴避型人格的特徵就是自卑感強，行為退縮。他們不安於自己的孤獨，很想與人交往，但害怕被人拒絕或嫌棄，渴望得到別人的關心和體貼，卻害羞而不敢親近。所以，他們從不主動與同齡青年交往，不願意到陌生的環境中去。非常害怕見生人，造成孤獨少友，沉默寡言。

據美國著名心理學家布盧姆多年研究發現，迴避型人格形成的主要原因是自卑心理，自卑感起源於人的幼年時期，由於無能而產生的不勝任和痛苦的感覺，也包括一個人由於生理缺陷或某些心理缺陷（如智力、記憶力、性格等）而產生的輕視自己、認為自己在某些方面不如他人的心理。此外，生理缺陷、性別、出身、經濟條件、政治地位、工作公司等等都有可能是自卑心理產生的原因。這種自卑感得不到妥善消除，久而久之就成了人格的一部分，造成行為的退縮和遇事迴避的態度，形成迴避型人格障礙。

值得注意的是，具有迴避型的人並非一無是處，他們常常是內心衝突的優秀觀察者。他們有自立自強的需要，這種需要的一個明確表現是足智多謀。此外，一種更不可靠的維持自力更生的方式，是有意識或無意識的限制自己的需要。如果需要依賴別人，他寧可放棄快樂。這種人還有一個突出的需要——保守個人隱私。自立自強與保守隱私都服務於他最突出的需要——絕對的獨立，所以，婚姻是令他們恐懼的事，因為這樣必然會捲入人際間的親密關係之中。

迴避型人格的另一特點是有一種追求優越的強烈願望，他渴望成功，渴望成為獨一無二的人。他對未來有豐富的幻想，但又畏懼競爭。在感情方面，這種人表現出壓抑一切感情的傾向，甚至否認感情的存在。由於輕視感情，他們表現出對理性的強調，希望一切都僅憑理性思維得到解決，所以有不少奇思妙想出自這類人的頭腦。

解壓之道

最重要的還是你怎麼看待這個世界，看你的生活。如果你每時每刻的想法都是對那些不好事物的無奈，咒罵或恐懼的話，那你就只能被那些事物所折磨。周圍的一切都不重要，重要的是保持真實的自我。所以，不要輕易交出自己，放縱只能是墜入深淵，永不見陽光。所以，不要怕心靈的觸碰，那次觸碰可能正是治療你心靈創傷的開始。不要逃避現實，要去努力改變。

對於迴避性人格比較嚴重的人，可以從以下幾個方面著手：

1 按梯級任務訂一個交友任務

一般而言，迴避型人格的人都存在著不同程度的人際社交障礙，因此必須按梯級任務作業的要求給自己訂一個交朋友的計畫：起始的級別比較低，任務比較簡單，以後逐步加深難度。如：

第一星期，每天與同學（或鄰居、親戚、室友等）聊天十分鐘。

第二星期，每天與他人聊天二十分鐘，同時與其中某一位多聊十分鐘。

第三星期，保持上週的交友時間量，找一位朋友作不計時的隨意談心。

第四星期，保持上周的交友時間量，找幾位朋友在週末小聚一次，隨意聊天，或家宴，或郊遊。

第五星期，保持上周的交友時間量，積極參加各種思想交流、學術交流、技術交流等。

第六星期，保持上周的交友時間量，嘗試去與陌生人或不太熟悉的人交往。

上述梯級任務看似輕鬆，但認真做起來並不是一件輕鬆的事。最好找一個監督員，讓他來評定執行情況，並督促堅持下去。其實，第六星期的任務已超出常人的生活習慣，但作為治療方法，以在強度上超出常規生活是適宜的。在開始進行梯級任務時，你可能會覺得很困難，也可能覺得毫無趣味。這些都要盡量設法克服，以取得良好的治療效果。

2　運用反向觀念法

具有迴避型人格的人大都有認知歪曲現象，因此，重點應放在改正認知歪曲現象上。反問觀念法是指與自己原有的不良自我觀念唱反調，原來是自我中心，現在則逐步放棄自我中心，學習設身處地為他人著想；原來愛走極端，現在則學習從多方面考察問題；原來喜歡一切都按規則做，現在則應偶爾放鬆一下，學習無規則的自由行事。

迴避型人格的人的觀念，可能是這樣的：

我必須是出類拔萃的。

我必須萬事謹慎。

少介入他人的事務，以免麻煩。

現在按照反向觀念法，把以上錯誤觀念改變成合理的、健康的觀念，如：

我希望自己是出類拔萃的，只要經過努力，我會有所收穫的。

我必須做事謹慎、但並不排除勇敢與進取，即使失敗，也應當作一次有益的經驗。

不管他人的閒事，但他人有難，我應當盡力相助。

採用反向觀念法克服缺點可透過自我分析來進行。先分析自己的錯誤觀念，然後提出相反的改進看法，在生活中努力按新觀念做事。這種自我分析也可以定期進行。認識上的錯誤往往是無意識的，透過自我分析，把無意識的東西上升到有意識的自覺的層次上，對於改進不良心理狀態大有好處。

3　提高自我評價，增強自信心

生活中，許多人實質上都有一定的潛能甚至才能，只不過自我評價很低，總是覺得自己這也不行那也不行，自己瞧不起自己，在這種負面的暗示下，以至於在無形中錯失了一次次原本可以成功的機會。非但如此，還可能因此而整天情緒低落，意志消沉，自覺生活在灰暗的天空下，甚至到了興趣越來越狹隘，食慾越來越差，交往逐漸減少，走向孤僻與自閉、沮喪、失望甚至絕望的地步。只有提高自我評價，才能提高自信心，克服自卑感。

心靈咖啡館

一隻黃雀遇到了一隻鴿子，連忙向鴿子抱怨道：臭死了，臭死了！不知怎麼搞的，我飛到哪裡，空氣中總是有一股臭味，一定是空氣被汙染了。我搬了幾次家都沒有用。你有沒有聞到空氣中的怪味？鴿子說沒有啊，黃雀說一定有的，你再仔細聞聞。鴿子便走近了黃雀東聞聞，西嗅嗅，突然恍然道：原來這股臭味是從你身上散發出來的！

黃雀的可笑之處是，牠把自身可以克服的缺點歸因於無法解決的外部因素（空氣汙染），所以只好不停的搬家。我們如果把能夠自身努力加以改變的缺憾歸因於我們無法改變的因素，就會失去很多成功的機會。

4　進行積極的自我鼓勵

當面臨某種情況感到自信心不足時，不妨自己給自己壯膽：「我一定會成功！一定會的！」或者不妨自問：「人人都自卑，我自卑又如何？人人都做得到，我為什麼做不到？如果懷著「豁出去了」的心理去從事自己的活動，事先不過多體驗失敗後的情緒，就會產生自信心。

心靈咖啡館

有個老木匠準備退休，他告訴老闆，說要離開建築行業，回家與妻子兒女享受天倫之樂。

老闆捨不得他的好工人走，問他是否能幫忙再建一座房子，老木匠說可以。但是大家後來都看得出來，他的心已不在工作上，他用的是便宜材料、粗糙的做法。房子建好的時候，老闆把大門的鑰匙遞給他。「這是你的房子，」他說，「我送給你的禮物。」

他震驚得目瞪口呆，羞愧得無地自容。如果他早知道是在給自己建房子，他怎麼會這樣呢？現在他得住在一幢粗製濫造的房子裡！

我們又何嘗不是這樣。我們漫不經心的「建造」自己的生活，不是積極行動，而是消極應付，凡事不肯精益求精，在關鍵時刻不能盡最大努力。等我們驚覺自己的處境，早已深困在自己建造的「房子」裡了。把你當成那個木匠吧，想想你的房子，每天你敲進去一顆釘，加上去一塊板，或者豎起一面牆，用你的智慧好好建造吧！你的生活是你一生唯一的創造，不能抹平重建，即使只有一天可活，那一天也要活得優美、高貴。

「老是懷疑別人居心不良、不懷好意。」——解析偏執型人格障礙

在人生長河中，有時需要堅持，有時需要放棄。懂得放棄，才會擁有。懂得放棄，縱然會有一點酸，一點苦，一點痛，但更多的是快樂和幸福！什麼都想要，什麼都想得到，那麼結果呢？往往事與願違，什麼也得不到。

典型範例

鄭迪　大學剛畢業

鄭迪，上大學期間成績一直很好，但畢業後經常與朋友和周圍的人發生衝突和表現出反感情緒。對於朋友聚會和同學、朋友給介紹的工作，經常呈反向心理和違拗行為。這是脾氣不好的表現。經過心理測定，發現他的心理量表分值較高，尤其「偏執」一項分值頗高。在個別精神檢查中，發現他是一位典型的偏執性格缺陷者。

他說：「我這個人自小對任何人，包括對自己的朋友和父母親都抱著懷疑的態度」，「我對世界上任何人都不持信任態度，存有戒心。老是猜疑他們居心不良，不懷好意。看不習

慣後就要發脾氣，壓不住火氣。」

小故事大智慧

鄭迪的個性特點很明顯屬於偏執型人格障礙。偏執型人格障礙是一種以猜疑和偏執為主要特點的人格障礙。這種人非常多疑敏感，時常懷疑別人不懷好意，或責難別人有不良動機。他們往往自我估計太高，固執己見，缺乏自知之明，嫉妒心十足。他們常感孤獨、憂鬱、煩悶、死板，有不安全感，且經常處於一種緊張狀態之中，並尋找偏見的依據。

偏執型人格傾向主要表現在：對人不信任，傾向於把別人的好意或者中性態度體會成惡意，傾向於追究別人隱藏的動機而不滿足於對別人的行為作常規性的評價，總認為別人對自己「笑裡藏刀，指桑罵槐，殺雞儆猴」，總認為世上好人少而壞人多。行動上過於警惕、保密，甚至採取不必要的防衛措施，想辦法考驗別人忠實與否。

自尊心過強，經受不起一點的批評和挫折，對他人不夠寬容，對他人過度提防，封閉自己。對別人的批評、輕視、拒絕等行為，反應強烈持久。對侮辱和傷害更不能寬恕，長期耿耿於懷，甚至總想報復，也常常採取報復行為。經常擔心被別人說成道德素養不好而緊張不安。當別人獲得重視、獲得榮譽時，他感到內心隱痛不安。一旦自己的地位被別人取代，會表現出強烈的怨恨或委屈，公開抱怨指責別人。不願意與競爭者交往，對競爭者幸災樂禍或者視為仇敵。

他們經常害怕失去自主性，害怕事情會不按他們的想法進行。除非是絕對信任，這種人通常迴避親密關係。除非自己做領袖，他們經常不參加團體活動，處處表現出自我中心，表現自我的強大。他們對每個人的權利、地位都十方了解、對超過自己的人嫉妒萬分、對才能低於自己的人的蔑視之情溢於言表。

診斷一個人格障礙患者為偏執型，至少需符合下述項目中的三項：

①常將他人無意的或友好的行為誤解為敵意或輕蔑，或無根據懷疑會被別人利用或傷害，過度警惕與防衛；

②有一種將周圍發生的事件解釋為「陰謀」的不符合現實的先入為主觀念；

③容易產生病理的嫉妒；

④過度自負，總認為自己正確而將挫折或失敗的原因歸咎於他人；

⑤記恨，對拒絕、侮辱和傷害不能寬容，久久耿耿於懷；

⑥脫離實際的好爭辯與敵對，固執的追求個人的權利或利益；

⑦忽視或不相信反面證據，因而很難用說理或事實改變這種人的想法或觀念。

偏執型人格障礙需要及早治療，因為搞得不好，病情發展就會患偏執性精神病。對偏執性人格障礙的治療往往是心理治療與藥物治療相結合才有所效果。其中，心理治療方法很多。心理醫生愛用認知心理治療方法，即幫助病人認識多疑固執性格的共同表現，及它對工作、人際關係和社會適應能力所帶來的共同表現，及它對人際關係和社會適應能力所帶來的壞影響，使病人能認識到自己存在心理缺陷，並使其了解人的個性是可以改變的，鼓勵病人改變自己的性格。同時，再採用支持性心理治療，其治療效果會更好。

雖然偏執型人格傾向具有負面作用，不過，如果從積極方面來看，偏執也是有好的作用的。比如：偏執型的人往往執著，不達目的不甘休，這種特性放在工作上可能達到很好的作用。不過，執著過度，就容易出現問題了。

解壓之道

對偏執型人格障礙的治療，輕的一般以認知提高療法和自我療法為主，即使其首先認識到自身人格障礙的性質、特點、危害性，使其對自己有一個正確的認識。逐步在心理醫生的循序漸進的引導下慢慢克服，是可以得到糾正的。但對於一些病情較重者，由於已發展至極端，甚至有妄想傾向，則要針對其具體情況輔之以較長時間的具體的心理治療方法了。

以下是對偏執型人格的一些處理建議：

1 運用行為禁止法

在行動上，你可以採用行為禁止法。例如：當對某一件事你忍無可忍即將要發作時，你對自己默念如下指令：「我必須克制自己的反擊行為，我至少要忍十分鐘。我的反擊行為是過度的，在這十分鐘內，讓我當即分析一下有什麼非理性的觀念在作怪。」採用這種方法後，不久你就會發現，每次你以為怒不可遏的事，只要忍上幾分鐘，用理性觀念加以分析，怒氣便隨之消減。不少你認定對你極具威脅的事，在忍上幾分鐘後，你會發現災難並未降臨，自己是在捕風捉影罷了。

2 克服主觀臆斷心理

偏執型心理的特點是偏於一點，只顧及眼前的蠅頭小利，不看長遠。因此，必須培養自己辯證的思想方法，遇事要實事求是而不是憑主觀隨意和某種感受。

心靈咖啡館

有隻鳥在天上飛。一位鋤地的農夫歎氣道：牠真苦，四處飛翔為覓一口食。

然而，一位依窗懷春的少女也看見了這隻鳥，她歎氣說：牠真幸福，有一雙美麗的翅膀，自由翱翔。

面對同一種境況，不同的人有不同的心情、理解。滿懷熱情，你就會有一種振奮的感覺；失意悲觀，你就會有一種痛苦或失落的感歎。

當自己的人生理想不能實現，或者見解、行為不為世人所理解時，人們就會迷惘、失意。境由心造。人生旅途中，人們很容易將思維編入即存的框架裡，或滿足或失意或進取等等，產生「命中注定」或「無法更改」的思維定式，然後將自己對人生的夢想和野心一個個拋棄掉。

3 使用認知調節法

具有偏執型人格的人喜歡走極端，這與其頭腦中的非理性觀念相關聯，因此，要改變偏執行為首先必須分析自己的非理性觀念。例如：我不能容忍別人一絲一毫的不忠；世界上沒有好人，我只相信我自己；對別人的攻擊，我必須立即給予強烈反擊，我要讓他知道我比他更強；我不能表現出溫柔，這會給人一種不強健的感覺。

現在對這些觀念進行改造，去除其中極其偏激的成分，我不是說一不二的君王、別人偶爾的不忠應該原諒；世界上好人和壞人都存在，我應該相信那些好人；對別人的攻擊，馬上反擊未必是上策，我必須首先辨清是否是真的受到攻擊；我不敢表示自己真實的情感，這也許正是別人所需要的。

每當你又產生偏執的觀念時，就把改造過的合理化觀念默念一遍，以阻止自己的偏激行為。有時會不知不覺的表現出偏執行為，事後應分析當時的想法，找出當時的非理性觀念，然後加以改造，以防下次再犯。

4　對人、對世界、對生活要充滿愛心

要知道和懂得尊重他人就是尊重自己的道理，要懷著一顆感恩的心來面對世界上的一切事物。要懂得「相逢一笑值千金」的道理。要學會向你認識的所有的人微笑。可能開始時你很不習慣，做得時間長了，你就會深受其益的。

心靈咖啡館

那天跟老公幸運的訂到了票回婆家，上車後卻發現有位女士坐在我們的位子上，老公示意我先坐在她旁邊的位子，卻沒有請這位女士讓位。我仔細一看，發現她右腳有一點不方便，才了解老公為何不請她讓出位子。

他就這樣從嘉義一直站到臺北，從頭到尾都沒向這位女士表示這個位子是他的，下了車之後，心疼老公的我跟他說：「讓位是善行，但從嘉義到臺北這麼久，大可中途請她把位子還給你，換你坐一下。」

老公卻說：「人家不方便一輩子，我們就不方便這三小時而已。」聽到老公這麼說，我相當感動，有這麼一位善良又為善不欲人知的好老公，讓我覺得世界都變得溫柔許多。

人生中，每一件事情，都有轉向的能力，就看我們怎麼想，怎麼轉。我們不會在三分鐘內成功，但也許只要花一分鐘，生命從此不同。

5 對他人要拋棄「敵對心理」

開闊自己的胸襟，拓展自己的視野，改變原有的自私狹隘的自我觀念，經常提醒自己不要陷入「敵對心理」的泥淖中而不能自拔。

心靈咖啡館

劉德的鄰居失火了。

劉德想：「這是人家失火，燒人家的房屋，和我沒有關係。」於是他就站在一旁看著人家的房屋頂上火焰熊熊，不去幫助鄰居救火。

後來火勢越燒越猛，火焰撲過來燒到劉德的屋子了。他才大為驚惶，趕緊提了水桶去救火；嘴裡叫著：「救火呀，快來救火呀！」

可是已經來不及了，猛烈的大火終於把劉德的房屋也燒成灰燼。

劉德因為自私，而使自己的房子也被火燒沒了。這就是自私的壞處，因為自私的人受到傷害也沒有人會同情的。

第三章 換個心情來疏解

生活是美好的，每當你憂鬱、傷心、壓抑、苦悶時，請你換一種心情，你會發現自己雖工作著、忙碌著，但那是快樂的，那是一種充實的滿足和愉悅。換一種心情，收穫的不僅僅是發現了另外一個自己，更重要的是快樂！

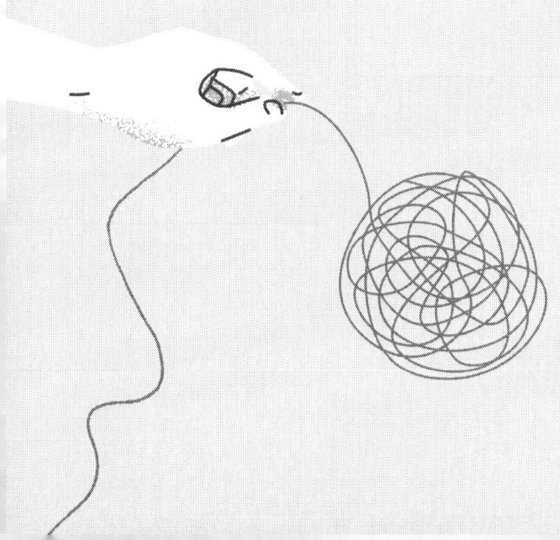

「做什麼都高興不起來，還經常感到心煩」——解析憂鬱症

呼吸說明我們生存著，活著就要面對生活和工作。對待生活要樂觀開朗，對待工作要熱情上進，無論開心不開心都要過一天，選擇開心還是不開心呢？選擇開心吧！如果我們時常保持著一顆年輕的心，真的會給自己消除很多煩惱，帶來很多快樂。

典型範例

劉芳　私人公司老闆

劉芳近來一段時間經常頭痛，有時頭暈目眩直想吐，月經也變得不正常了，每月只要一到月經前後，她就更是心煩意亂。壓抑、憂鬱的病痛壓得她喘不過氣來，她感覺活得太苦太累太沒意思，多少次她在茫茫無望中想到了死……

事情的起因要從一九九〇年說起。那年劉芳以五分之差沒有考上大學，但機遇待她還算不薄，年底她就以總分第三名的成績，被招進了一家效益頗好的大型國營企業，第二年又由廠裡保送到管理學院學習兩年。兩年結業後，她被分到廠裡的銷售科，當時是最熱門的部門。她為主管對她的信任而自豪，全身心的投入到工作中，年年都出色的完成廠裡交

給她的各項任務。那時，雖然她每天晚睡早起、沒日沒夜的做，工作又苦又累，但她感到非常滿足。然而隨著市場競爭越來越大，他們廠裡的產品反倒開始滯銷，而且一年不如一年；到一九九八年，工廠已處於半停產狀態，工人一批批被放假回家；到那年夏天，工廠完全停產，她也成了最後一批離職工人。

劉芳的丈夫是鐵路職工，因而她離職後，家裡生活也還過得去，丈夫也勸她好好在家休息一段時間。但過度的清閒卻讓劉芳很不適應，在家坐立不安，憂鬱、無奈時時纏繞著她。她唯一的指望是廠裡能早日恢復生產，能讓她早日復工。誰知半年後盼來的結果是好端端的國營大廠被鄉鎮企業租賃，人家根本就不用原來的工人。

回工廠上班的希望破滅了，劉芳於是在丈夫的支持下自己開店。苦累不說，令她最感到不是滋味的是，以前在公司都是別人來求她，可如今她卻每天得賠著笑臉去求別人，去迎顧客，心裡真不是個滋味。以前在廠裡上班，對那些小商小販她壓根就瞧不起，認為他們是那樣俗氣，為了錢斤斤計較，你欺我詐，現在自己也變成了那種小商小販、小市民，每天不得不為了幾塊錢的事與人計較。按說自己開店怎麼樣也比上班要賺得多，但就是心裡高興不起來，總有種不想做的念頭。但這時已投入了不少資金，而且，兒子很快就要國中畢業，念高中要一大筆補習費，因而她心理雖然極不想做，卻又不得不早出晚歸的做。

她不僅經常感到心煩，還常常失眠，有時一陣陣的想哭。雖然她去看過幾次醫生，服過安眠藥和補心安神的中藥，卻沒有什麼效果。

最後，幾乎絕望的劉芳抱著一線希望求助了心理醫生。

小故事大智慧

醫生給劉芳做了詳細的心理檢查，確診她罹患了憂鬱症。憂鬱症是神經官能症的一個症狀，它是由於用腦過度，精神緊張，體力勞累所引起的一種身體功能失調所引起的疾病。患有憂鬱的人會感到情緒低落和消沉，儘管可能被某些一般的生活事件所激發，但低落的情緒卻遲遲難以恢復，總感到「沒動力」、「無趣」，心中無喜悅感。而由此產生的精神壓力、負面情緒對消化系統功能有不良影響。幾乎人人都有過這方面的體驗，如情緒不佳時，出現食慾下降、噁心、嘔吐、腹脹等症狀或不適，是很常見的事。這種負面情緒如果不能及時消除，日久便易導致消化性潰瘍。

醫生在給劉芳做了詳細的解釋和自我心理調整的指導後，又給她開了些藥，並對她解釋：胃病也是因為長期心情不好引起的，吃藥後心情好了，胃病也就會跟著好轉，不會對胃有什麼刺激。果然，經過三個多月的治療，劉芳的憂鬱症得到治癒的同時，胃痛也沒再發生。

憂鬱症的典型症狀是心情低落，愁眉不展，鬱鬱寡歡；興趣減退甚至喪失，常躲避遇到的同學，與人交往時表現出厭煩、冷漠，對異性、娛樂、旅遊等已有的愛好和娛樂無動於衷，失去興趣，感到一切都沒意思；對未來悲觀失望，認為未來前景暗淡，事情已經到了無可挽回和無法收拾的地步，甚至感到絕望；充滿無助感，感到自己對處境毫無辦法，對自己的不幸和苦痛無能為力，而別人對自己也是愛莫能助；感到精神疲憊，似乎精力已經耗盡，想振作也振作不起來，懶於梳理打扮；自我評價下降，有強烈的自卑感，自我貶低、自我譴責，認為自己的任何方面都不如別人，自己什麼都不好，對不起父母、朋友；感到生活或生命本身沒有意義，悲觀厭世，甚至以死來尋找解脫，自殺的意圖明顯。要注意的是並非所有的憂鬱都是精神官能症性的，不包含心理衝突的憂鬱不是憂鬱症。

解壓之道

憂鬱的基本心情是心情低落。這種心情需持續至少兩週才能被認定為憂鬱症。當事人感到痛苦而求治，或者心情低落妨礙了社會功能。心情低落可視為憂鬱症不必要的基本表現，這就是說，憂鬱症必有心情低落，沒有心情低落便不是憂鬱症。但是，並不是所有的心情低落都是憂鬱症。

而且，對於憂鬱症，透過一些心理和藥物的綜合治療是非常見效果的。下面提供幾點一些心理學家開出的「藥方」：

1　學會自己鼓勵自己

要認識到目前所感受到的並非是事物的本貌、本色，而是一些「戴上灰色眼鏡」後所看到的色彩，所以沒有理由對自己的自尊自信產生動搖，要堅定戰勝憂鬱症的信心。

心靈咖啡館

有個叫西蒙的女人，自從接連生了三個孩子之後，就整天煩躁不安。四歲的孩子整日玩鬧，十八個月大的孩子整夜哭叫，還有一個嬰兒需要不斷的餵奶。那一段時間，西蒙的精神就要崩潰了，她甚至懷疑自己天生就「低能」。

就在這時候，一個叫麗達的朋友託人給她帶了一份禮物。她打開一看，是一個裝飾得很漂亮的陶瓷容器，上面還貼著一個標籤，上面寫著：「西蒙的自信罐，需要時用。」

罐子裡裝著幾十個用淺藍色紙條卷成的小紙卷，每個小紙卷上都寫著送給西蒙的一句話。西蒙迫不及待的一個個打開，只見上面分別寫著：

上帝微笑著送給我一件寶貴的禮物，她的名字叫「西蒙」；

我珍惜你的友誼；

我欣賞你的執著；

你做什麼事都那麼仔細，那麼任勞任怨；

我真的相信你能做好任何你想做的事情；

我給你提出兩點建議：第一，當你完成一件自己想做的事情，或者得到別人的稱讚和肯定的時候，就寫一張小紙條放在這個罐裡。第二，當你遇到困難和挫折時，或者有點心灰意冷的時候，就從這個小罐裡拿出幾張紙條來看著。

讀到這裡，西蒙的眼角溼了。因為她深深的感到，她正被別人愛著，被別人關心著，困難只是暫時的，自己也是很棒的。從那以後，西蒙把這個「自信罐」擺在最醒目的地方，只要遇到危險和困難，就情不自禁的伸手去摸。

十年後，西蒙當了一所幼兒園的園長，很多家長都願意把家長送到她這家幼兒園，因為她的自信激發了孩子們的自信。從這所幼兒園走出去的孩子，每個人都有一個「自信罐」。

每個人都渴望這樣一個自信罐，不管你從前的生活多麼輝煌，也不管你現在的生活多麼糟糕，明天又是新的一天！別忘了那個在你絕望時給你「自信罐」的人。最好的感恩方式是將這個「自信罐」傳遞下去，這樣你會收穫更多！

2 應該給自己降低點要求，放下些包袱，輕裝前行

憂鬱症與個人高度的成就動機有關。由於個體對成功有過高的期望，而且在對成功的追求過程中精力充沛，所以無法逃避失敗時，就會感到絕望、破滅，繼而產生憂鬱。因此，應適當的給自己「減負」，這有助於重獲自信；積極參加戶外活動，因為科學證明，日光照射對治療憂鬱症有奇效；注意在日常生活中發掘自己的優點也是一些行之有效的辦法。

心靈咖啡館

利奧．羅斯頓是美國最胖的好萊塢影星。

一次他在英國演出時，因心肌衰竭被送進湯普森急救中心。搶救人員用了最好的藥，動用了最先進的設備，仍沒挽回他的生命。

臨終前，羅斯頓曾絕望的喃喃自語：

你的身軀很龐大，但你的生命需要的僅僅是一顆心臟！

對健康的生命而言，任何多餘的東西都是負擔，這難道不值得那些整日為了身外之物勞碌奔波，而置健康於不顧的芸芸眾生們深思嗎？

3 不要太過於約束自己，應樂觀面對生活

生活中誰都難免會遇到挫折。可怕的不是挫折本身，而是缺乏對挫折的積極的、坦然的態度。有多少偉人在苦難中成就了其一世英名而沒被它擊倒。憂鬱症患者錯就錯在以消極的態度面對挫折，碰到不順心的事就以為一切完了，看不到事物是變化和發展的，陷在灰色的情緒中不能自拔。其實，風雲過後太陽又會出來，沒有過不去的坎坷，沒有解不開的結，一切苦難都是暫時的，都將隨風而去。所以讓我們以坦然、積極的心態面對生活中的不幸，相信不久的將來我們一定會擺脫現在的狀況。

心靈咖啡館

有兩個人，都住在山上。

那山挺荒涼，是禿的。

第一個人挺悲觀，一邊歎氣，一邊在山腳下為自己修著祖墳。

第二個人挺樂觀，樂呵呵的，在山坡上種了好多樹苗。

歲月悠悠。轉眼過了四十年。

第一個人果然老了，就淚汪汪的打開祖墳的門，走了進去，再也沒有出來。

第二個人卻精神抖擻，在碧樹下採摘著金色的豐收。

又過了許多年，第一個人的祖墳前長滿了草，野狼出沒。那座花果山前卻花長開，樹長青，滿山閃耀著生命的輝煌。

原來，悲觀與樂觀都是種子。都能長出情節。只不過，前者結的果叫無奈。後者結的果叫甘甜。

其實，樂觀與悲觀一方面跟本人的性格、境遇有關；另一方面也與自己的興趣愛好、心態有關。一個人應該多培養一些愛好，經常做一些自己喜歡的事，沒必要過度的約束自己，畢竟人的一生就那麼幾十年，而人的追求是永無止境的，所以結果並不重要，在追求中享受過程才是最重要的。

4　客觀而全面的評價自己

憂鬱症患者有一個明顯的特點，就是喜歡把一切不好的事情的責任都攬在自己身上。事實上，這太誇大自己的影響力了。一個人能左右的事情是有限的，我們無法對所有的事情負責。家裡生活貧困的真正原因絕不是因為你上大學花的錢太多（與別人相比，你實在是太節省了），而是因為你的父母的知識結構、性格等導致其缺乏生財之路，或者是因為當地經濟不發達，或者是因為物價本身不合理；失戀也不能說明你無能、沒有能力，也許是因為你太優秀讓別人覺得有壓力，也許是他有眼不識金香玉，也許僅僅是你倆的性格不相容，也許是因為他有什麼內心創傷，不敢輕易接受一份真感情；考試的失利不能說明你笨，也許這不是你的潛能所在，也許是因為師資水準問題，也許是因為基礎較差；親人的去世是自然規律，我們誰也無法阻止，我們對他們的偶爾的出言不遜雖然會使其不快，但絕對不至於直接導致其死亡。因此，請不要過度的責備自己，每個人只能對自己能負責的事負責。

心靈咖啡館

在一場演講上，一位著名的演說家沒講一句開場白，手裡卻高舉著一張十美元的鈔票。面對會議室裡的兩百多人，他問：「誰要這十美元？」一隻隻手舉了起來。

演說家接著說：「我打算把這十美元送給你們當中的一位，但在這之前，請准許我做一件事。」他說著將鈔票揉成一團，然後問：「誰還要。」這時，仍有人陸續舉起手來。

演說家又說：「那麼，假如我這樣做又會怎麼樣呢？」他把鈔票扔到地上，又踏上一隻腳，並且用腳碾它。隨後，他拾起鈔票，鈔票已變得又髒又皺。

「現在誰還要？」演說家接著問。還是有人舉起手來。

這位演講家給聽眾上了一堂有意義的人生課。無論我們如何對待那張鈔票，我們還是想要它，因為它並沒貶值，它依舊值十美元。

在我們的一生中，我們會無數次的否定過自己，我們覺得自己似乎一文不值。但無論發生什麼，或將要發生什麼，我們永遠不會喪失價值，我們依然是無價之寶。生命的價值不依賴我們的所作所為，也不仰仗我們結交的人物，而是取決於我們本身！

5　積極的應對生活壓力

消極的、被動的、一味的煩惱不會讓挫折、問題自行消失，走出人生低谷的捷徑是積極的應對生活壓力。有效的應對能減少挫折的負面影響，能磨練你的意志，使壞事平安的過去甚至成為好事。所以，我們應該學習一些積極的應對策略，向親人、同伴、長輩、老師等尋求支持，以解決問題；做自己喜歡做的事，以進行有效的注意力轉移；對知心朋友傾訴，宣洩憂愁苦悶的情緒；進行健身鍛鍊，撫慰受傷的心靈等。

心靈咖啡館

一九二〇年，美國一位年僅十一歲的男孩在踢足球時不慎將鄰居的玻璃窗戶踢碎了，鄰居索賠款十二美元。男孩哪裡有錢賠。這時，男孩回家向父親認錯。父親說：「錢可以先借給你，一年後歸還。」從此，這個男孩就開始了艱苦的打工生涯。半年後，他將十二美元如數還給了父親。許多年過去了，這個長大成人的男孩當上了美國總統，他就是大名鼎鼎的雷根。

讀完這則故事，不禁使人聯想很多。這小雷根倘若沒有父親給他的「十二美元」的人生的壓力，他能夠奮發成才，最終成為總統嗎？

有壓力就有動力，這是物理學上的一條公理，也是人生的一條公理。一個人飯後散步，往往輕步閒情，可這時讓他挑著百斤重擔，他馬上就小跑開來。為什麼？壓力產生動力。

「總擔心有些東西對自己不利，老也想不開」——解析焦慮症

「你有壓力，我有壓力」，香港巴士阿叔的這句話，似乎已成為這個普遍焦慮的時代最好的注腳。正如莎士比亞說的，「我們命定該遇到這樣的時代」。如果說有的地方是我們始終繞不過去的話，那麼，或許此刻，我們應該如米蘭·昆德拉所言，偶爾嘗試「慢下來」。

典型範例

小張剛進入職場不久

小張最近一段時間不知道為什麼老是為一些微不足道的小事憂慮，以至於影響了正常的工作和生活。

比如：小張莫名其妙的就對他使用的那枝鋼筆產生了厭惡之感。一看到它那磨得平滑的鋼筆尖就心裡不舒服。他更討厭那枝鋼筆的顏色，烏黑烏黑的。於是小張決定不用它了。可換了枝灰色的鋼筆後，小張依然感覺不舒服。原因是買它時小張見是個年輕漂亮的女售貨員，竟然緊張的冒了一頭大汗，小張認為自己出了醜，自尊心受了傷害。因此小張恨不得弄爛它，於是把它扔了。可是轉念一想，這不是白白浪費錢，結果又把它撿回來。

還有一次，小張買了一個用來盛飯的小塑膠碗。突然他腦子裡冒出一個想法：「這是不是聚乙烯的？」幾年前，小張記得自己曾看過一篇文章，好像是說聚乙烯的產品是有毒的，不能盛食物。這下小張的神經又繃緊了：「自己買的這個小塑膠碗會不會有毒？毒素逐漸進入我的體內怎麼辦？小張萬分憂慮著，但不用它又不行，況且原子筆、鋼筆、牙刷等也是塑膠製品，天天都沾，這不是讓人活不成了嗎？」

有一天，小張又為頭上的兩個「旋」而苦惱起來。他聽人說「一旋好，兩旋孬，兩個頂

（旋），氣得爹娘要跳井」。真有這麼回事嗎？要不為什麼自己經常惹父母生氣呢？可許多有兩個旋的人也不像自己這麼怪呀？這個念頭令小張終日憂慮不已，他甚至盼望有一種藥或有一種機器能把他治成有一個平滑頭頂的人或變成順眼的一個旋，那麼或許自己的頭腦就不會麼亂了。

小張就是這樣一直在憂慮的漩渦中徘徊、掙扎著……最後，小張求助了心理醫生。

小故事大智慧

小張的情況應該是患了青春期焦慮症。每個人都有焦慮的體驗。所謂焦慮，就是一種緊張、害怕、擔憂、焦急混合交織的情緒體驗。當人們面臨威脅或預料到一些可怕的、可能會造成危險或者需要付出努力的事物和情境將要來臨，而又感到對此無法採取有效的措施加以預防和解決時，心理上就會產生緊張的期待情緒，表現出不明原因的憂慮和不安。焦慮是人處於應激狀態時的正常反應，適度的焦慮可以喚起人的警覺，集中注意力，激發鬥志。需注意的是，焦慮症的焦慮與一般性的焦慮是不同的，一般的焦慮有明確的原因，而且隨著焦慮情景的離開，焦慮體驗也隨之消失。比如得知公司要測評，每個人都會害怕和擔心，但這種焦慮隨著測評的結束也就消失了。但焦慮症的焦慮體驗是泛化的、持久的，也就是沒有確定的焦慮對象，常常是一種漂浮焦慮或者不明原因的焦慮。當事人整天都感到擔心、害怕，但追究起來，自己也想不通整天擔心的是什麼。

而且，一般性的焦慮程度和持續時間與焦慮情景或者事件的性質和強度是相符合的，如對一些小的工作任務的焦慮程度較輕，時間短，而對大的、急的工作任務則焦慮程度較重，時間較長，但能被人理解和接受。而焦慮症的焦慮程度與誘發焦慮的事件極不相稱，當事人可以為了一點雞毛蒜皮的小事就非常焦慮，比如手指被劃破一個很淺的小口子，當事人馬上想到破傷風，想到死亡，十分驚恐。這種過度的焦慮難以被他人理解和接受。另外，一般性的焦慮較少伴有由心理因素造成的軀體症狀，但焦慮症的當事人常有出汗、口乾、胸悶氣促、心悸等自律神經紊亂的症狀。

心理學上有一種觀點認為，那些個性上自卑、膽小怕事、謹小慎微、多疑、自我關注、太在乎他人的看法的人，也就是具有焦慮特質的人，容易得焦慮症。

小張要走出目前的心理困境，不僅要有目的的調整自己的注意力，而且還要採取一些積極的、富於建設性的行動。一個不可自制、反覆洗手的人，在觀看一場好電影時，就可能忘記了要洗手的事；一個害怕高空飛行的乘客，當他在飛機上埋頭品嘗那盤中的美味時，自然就忘卻了自己的飛行恐懼症。同樣，小張若能積極的投入工作，產生濃厚的興趣、小有進步，豐富自己的業餘生活，熱情的參加團體活動，那麼什麼鋼筆的顏色、飯碗的毒性、頭頂上的兩個旋，統統的都會拋到九霄雲外。

解壓之道

焦慮在正常人身上也會發生，這是人們對於可能造成心理衝突或挫折的某種特殊事物或情境進行反應時的一種狀態，同時帶有某種不愉快的情緒體驗。這些事物或情境包括一些即將來臨的可能造成危險或災難、或需付出特殊努力加以應付的東西。如果對此無法預計其結果，不能採取有效措施加以防止或予以解決，這時心理的緊張和期待就會發生焦慮反應。過度而經常的焦慮就成了神經性焦慮症。

焦慮症的心理諮商主要使用一般性心理支持療法、認知調節以適當降低自我期望值、放鬆訓練以降低焦慮程度等幾種方法。

1　學會自己改善自己

要學會自己去改善自己和改善所處的環境，進而達到心理平衡。

心靈咖啡館

日本某大公司招聘職員，有一應聘者面試後等待錄用通知時一直忐忑不安。等了好久，該公司的信函終於寄到了他手裡，然而打開後卻是未被錄用的通知。這個消息簡直讓他無法承受，他對自己的能力失去了信心，無心再試其他公司，於是服藥自盡。幸運的是，他並沒有死，剛剛被搶救過來，又收到該公司的一封致歉信和錄用通知，原來電腦出了點差錯，他是榜上有名的。這讓他十分驚喜，急忙趕到公司報到。

公司主管見到他的第一句話是：

「你被辭退了。」

「為什麼？我明明拿著錄用通知。」

「是的，可是我們剛剛得知你自殺的事，我們公司不需要因小事而輕生的人。」

這位應聘者徹底失去了這份工作，原因何在呢？很顯然，是因為他對自己的能力沒有正確評價，偶然受了點打擊便輕視自己，對未來不抱有希望，這是心理極度脆弱和自卑的表現。他沒有想到自己失去工作，不是敗在嚴格而苛刻的公司經理的考題上，也不是敗給實力不俗的競爭對手，恰恰是自卑成了自己的剋星，擋住了自己夢寐以求的發展道路。

唯有自己才能提高自信，也唯有自己才能將自己貶低。有出身寒微者、有考大學落榜者、有先天疾患者、有重度殘疾者……他們雖然心中藏著深深的自卑，但在生活中卻能夠不斷努力，不屈服於眼前的遭遇，嚮往更高層次的人生境界，嚮往更為美好的生活。他們始終在困境中自尊自重，不失自我真本色。

2 適當降低自我期望，慢慢接受自己的不足和失敗

在大學生中，往往有這樣的人，他們的自我期望值很高，有強烈的上進心，工作認真，一絲不苟，渴望取得好的成績，對潛在的失敗很緊張，一旦發覺自己某方面的表現不盡如人意，則焦慮、不安，而這種焦慮情緒又透過加倍的努力工作來掩飾。久而久之，焦慮症產生了，各種失眠、食慾不振等身體症狀也出現了。對此，關鍵是要使自己認識到焦慮症的產生源於自己的自我期望值過高。應適當的降低成就動機和對自己的要求，慢慢接受自己的不足和失敗，以減輕壓力、消除焦慮症狀。

心靈咖啡館

一位傲氣十足的富人，去看望一位智者。

智者將他帶到窗前說：「向外看，你看到了什麼？」

「看到了許多人。」富人說。

智者又將他帶到一面鏡子面前，問道：「現在你看到了什麼？」

「只看見我自己。」富人回答。

智者說：「玻璃窗和玻璃鏡的區別只在於那一層薄薄的水銀，就這點可憐的水銀，就讓有的人只看見他自己，而看不到別人。」

人們通常只看見自己，看不到別人。

人貴有自知之明，無論你的成就有多高，一定要清楚天外有天，人外有人，時刻保持謙虛和謹慎。

3　運用放鬆訓練法減輕焦慮

透過深度的放鬆訓練，可以減輕焦慮情緒以及伴隨的身體症狀。因為有關心理學研究表明，當一個人進入放鬆狀態時，表現為呼吸頻率和心率減慢，血壓下降，全身肌肉放鬆，並有頭腦清醒、心情輕鬆愉快、全身舒適的感覺。因此，透過放鬆訓練，可以減輕焦慮情緒及伴隨的身心症狀。

心靈咖啡館

從前，有一群青蛙組織了一場攀爬比賽，比賽的終點是一個非常高的鐵塔的塔頂。

一大群青蛙圍著鐵塔看比賽，給牠們加油。

比賽開始了。

老實說，群蛙中沒有誰相信這些小小的青蛙會到達塔頂，牠們都在議論：「這太難了！牠們肯定到不了塔頂！」「牠們絕不可能成功的，塔太高了！」

聽到這些，一隻接一隻的青蛙開始洩氣了，除了那些情緒高漲的幾隻還在往上爬。群蛙繼續喊著：

「這太難了！沒有誰能爬上頂的！」

越來越多的青蛙累壞了，退出了比賽。但，有一隻卻還在越爬越高，一點沒有放棄的意思。

最後，所有的青蛙都退出了比賽，除了一隻，牠持續努力，終於成為唯一一隻到達塔頂的勝利者。很自然，其餘所有的青蛙都想知道牠是怎麼成功的。有一隻青蛙跑上前去問那隻勝利者，從哪來那麼大的力氣爬完全程？

結果牠發現，這隻青蛙是個聾子！

這個故事告訴我們：總是記住你聽到的充滿力量的話語，因為所有你聽到的或讀到的話語都會影響你的行為。

所以，總是要保持積極、樂觀！而且，最重要的是，當有人告訴你，你的夢想不可能成真時，你要變成「聾子」，對此充耳不聞！要總是想著：「我一定能做到！」

永遠不要聽信那些習慣消極悲觀看問題的人，因為他們只會粉碎你內心最美好的夢想與希望！

「只要是花她就害怕，無論是什麼花」——解析恐懼性精神官能症

恐懼經常是來自「輸不起」的心態，取決於人性深處自戀的程度。人不是因為年長而應付裕如，而是因為學得了一系列變「客場」為「主場」的技巧，學得了管理情緒的能力，才有了顧盼生輝的魔力。往深處說，在一個陌生的場景裡，人人都有恐懼，只是，一部分人預防恐懼走光的技巧比較高超而已。

典型範例

李琪　已滿十八歲

春天是美麗的，有百花盛開，萬物爭春，可是這對李琪來說卻是件可怕的事，在她上學的路上，為了躲開那些「可怕」的鮮花，竟不得不繞道走未種花的那些偏僻小路。因為李琪對花有一種天生的恐懼。

李琪已十八歲了，她從小就得了一種怕花的怪病。李琪七個月時，她母親抱著她去親

戚家參加婚禮，剛進新房，院裡響起了鞭炮聲，一隻小花貓跳上桌子，把插著花的花瓶碰倒並摔到地上。李琪見此情景非常害怕，大哭起來。十個月時，她奶奶抱她在院子裡玩，一走近院裡種的牡丹花她就大哭起來，怎麼哄都不行，只好抱她離開花，就不哭了。一歲時，又帶她去串門，發現她一看見別人家床單上的花卉圖案和花瓶裡插的花就放聲大哭。家裡人這才意識到李琪怕花，但並未引起重視，認為長大會好的。但是，隨著年齡的成長，她對花的懼怕程度不但沒減輕反而更加重了。

五歲時，李琪和村裡的一群孩子跟在出殯的隊伍後面看熱鬧，當她發現棺材上的大白花和人們佩戴的小白花時，立刻轉身沒命的往家裡跑，跑到家裡已經面無血色了。她奶奶焦急的問她：「發生了什麼事？」她驚恐異常的答道：「花追我來了！花張著嘴追我來了！」逗得全家人哄然大笑。

六歲時，她上了學前班，剛一去就趕上歡度國慶日，排演文藝節目。她們班女同學的節目是手持紙花跳舞，這下可觸犯了她的大忌，說什麼也不肯參加排演。以後漸漸發展到只要是花她就害怕，無論是布上、紙上的花卉圖案，還是紙花、塑膠花、鮮花，她都怕得不得了。

同學們都知道她怕花，常跟她開玩笑，故意往她身上扔花，嚇得她臉色蒼白，手腳冰涼，甚至上課時她也不能集中注意力聽老師講課，總要東張西望，唯恐窗外有人把花扔進來掉在她身上。在她的心理，花是那麼可怕，使得她生活不寧，成績下降。

李琪的父母認識到了問題的嚴重性，於是帶著李琪去看了心理醫生。

小故事大智慧

心理醫生分析，李琪的恐懼與一般人的恐懼明顯不同，她其實是患了恐懼性精神官能症，也就是對事物的超常恐懼。恐懼性精神官能症是指對於某些事物或特殊情景產生十分強烈的恐懼感。這種強烈的恐懼與引起恐懼的情境和事物通常都很不相稱，眾人不怕或稍微害怕的事情讓患者害怕得無以復加，出現緊張戰慄、胸悶頭暈、口乾舌燥、無言無語、手足無措、冷汗淋漓、呼吸停止、臉色蒼白、肌肉僵直、尿急頻尿等一系列生理反應，甚至癱瘓或暈倒在地。他們的恐懼讓其他人很難理解，感到不可思議。無論他們的想法是多麼不合理，他們都無法把它們從意識中去除掉，所以他們不得不極力迴避所恐懼的東西。恐懼帶來的心理痛苦、行為限制和社會限制往往糾纏在一起，嚴重妨礙患者的學習、生活和工作。

事實上，恐懼是人類一種正常的情感成分。恐懼性情緒反應是一種具有自我防護、迴避危害、保證生命安全的心理防衛功能，人皆有之。例如：人們對黑暗、僻靜處、高空環境、毒蛇猛獸都可能產生恐懼迴避反應。兒童、女性、膽小者和某些心理缺陷者，恐懼心理尤為明顯。而恐懼症的恐懼是那些非理性的、非現實的情緒狀態，即對一般不害怕的事物感到恐懼，或者恐懼體驗的強度和持續時間遠超出常人的反應範圍，如面對一隻咬人的狗感到害怕是可以理解的。但如果連畫面上的狗、文字中出現的狗都感到懼怕的話，顯然是一種不正常的情緒狀態。假若不予調整，嚴重者會發展到恐懼症。

有專家指出，恐懼症並不是什麼難以治癒的頑症，只要接受適當治療，百分之八十五至百分之九十五的患者都可以得到明顯改善。而且無論病程多長、病情多重，治療效果都會很好。

解壓之道

如果恐懼症的表現不同，那它形成的原因也是不盡相同的，因此，我們克服恐懼症時要具體分析，具體對待。

1　要自己掌握自己的人生

挫折也是一種磨練，拿出積極的心態與行動，自己的路要靠自己去走。不必太在意外界因素，你的信心與努力才是真正讓你成長的動力。

心靈咖啡館

兩隻小兔在森林快樂的玩樂，不小心掉進了路邊的陷阱裡，陷阱離地面還有一定距離，但這足以讓兩隻小兔體驗到什麼是滅頂之災。

一隻小兔想：「完了！完了！離地面這麼高，我是永遠也出不去了。」另一隻小兔卻沒有沮喪、放棄，而是不斷的告誡自己：「上帝給了我堅強的意志和戰勝困難的勇氣，我一定能夠跳出去。」牠每時每刻都在鼓足勇氣、鼓足力量，一次又一次奮起、跳躍——生命的力量與美展現在牠每一次的搏擊與奮鬥中。

不知過了多久，勇敢的小兔經過不懈的努力和奮鬥終於換來了自由的那一刻，牠從陷阱裡奮力的跳了出來，重新回到了地面，而那隻悲觀失望的小兔，卻沒有機會逃離險境，永遠留在了陷阱裡。

在一個人漫長的生命歷程中，沒有人能永遠成功。不經歷風雨怎麼見彩虹。只要我們以積極健康的心態去面對困難和挫折，就可以做到「不在失敗中倒下，而在挫折中奮起」。沒有登不上的山峰，也沒有趟不過去的河流。

2　針對這個個案可以採用系統減敏法進行治療

系統減敏有三個關鍵的要素：深層的肌肉放鬆訓練、恐懼事物的等級層次建構、在放鬆狀態下想像恐懼事物。

（1）深層的肌肉放鬆訓練

要掌握好肌肉放鬆的技術，只有做到肌肉徹底放鬆，才能有效降低恐懼的程度，才能為系統減敏做好準備。

放鬆的一般程序是讓自己處於安靜的環境中，舒服的躺在沙發上，排除一切雜念。用意念和控制呼吸規律來放鬆全身的肌肉。放鬆的順序依次為：額頭的肌肉——臉部的肌肉——後頸部的肌肉——胸部的肌肉——腹部肌肉——雙手手臂肌肉——大腿的肌肉——小腿的肌肉。

（2）建構恐懼等級層次

建立一個恐懼等級層次，就好像是建立一個有關恐懼事物的梯子。我們按照事物的恐懼度把它們放在梯子的每一個階層上，低的梯級上放較低恐懼度的事物，高等級上放高恐懼度的事物，最頂端放真的事物。

在建構恐懼等級層次時有幾條原則：

首先，把梯的長度控制在十五層。先想出二十至二十五個與恐懼事物具有不同相似等級的事物，然後去掉一些項目。

第二，把恐懼度最高的事物放在梯頂上。

第三，把與恐懼事物聯繫很少，幾乎不產生緊張的事物放在梯子的最低層。

最後，選擇置於中間層次的事物。

建完恐懼梯後，從底到頂再檢查一遍。盡可能生動鮮明的想像每一個專案，記錄下你感受到的緊張度，然後確定這些順序是否正確。如果發現低層的專案比上層專案產生的緊張更強烈，就應把它們的順序對換。

(3) 在放鬆狀態下想像或觀看恐懼事物

首先進行深層次的放鬆並保持一段時間。當感到放鬆得非常舒服時使自己積極想像恐懼梯的第一個專案。集中注意力，從而使想像盡量鮮明。使映射保持一分鐘。之後若沒有被打擾，就停止想像繼續放鬆幾秒鐘，再重複想像第一個事物。可重複進行兩次、三次或更多。順利透過後，以同樣程序想像第二、第三個事物。

若放鬆被打擾了，那麼就立即停止想像，重新加強深度放鬆，並保持一分至二分鐘。然後再在放鬆狀態下想像低一層次的事物。若進展順利並已想像了三或四個事物，就在這種很好的情況下停下來。第二天可以從前一天已經成功想過的事物開始。有時候需要在恐懼梯上降低兩層。別擔心這點小小的障礙，它只是告訴你，進行得太快了，或步子邁得太大了；如果重試兩三次後，還不能克服，就要在恐懼梯上再加入一層。

每一次練習，最多想像三四種事物，每一種呈現兩三次。一般說來，對恐懼梯上所有的事物進行減敏大約需要三個星期的時間，但這取決於恐懼的強度。有的可能只需要一週，而有的可能要六星期甚至更長。

若進行完了整個程序，就要在真實環境下考驗自己了，但要慢慢進行。先在現實中嘗試恐懼感較弱層次上的事物，然後是中間層上的，最後是最高層次上的。對於嚴重的恐懼症來說，這是很有必要的。但對一般恐懼而言，情感映射減敏已經足夠了。

「對自己不感興趣的事情卻想個不停，無法自控」——解析神經衰弱

人因為有夢想而偉大，人偉大，因為努力實現夢想。不要看到偉大就覺得與自己無關，實際上誰都具備了這種可能。期望越高，失望越大，那只是由於把夢想和希望寄託在別人身上。一個人如果能客觀冷靜的從自身找原因，想得到，就一定有機會做到。想要取得成功，一定要排除思想的障礙，最起碼要做到：不要把希望寄託在別人身上。

典型範例

小周 自由職業者

小周覺得自己真的是病了。這一年來她感到頭痛、頭昏、疲乏無力、失眠多夢、食慾不好，體重下降了很多，整天昏昏沉沉，提不起精神，精神不能集中，記憶力明顯減退，整個人好像是喪失了動力一樣，脾氣變得很壞，動輒就大動肝火，對自己要想的事情感到吃力，但對自己不感興趣的事情卻想個不停，無法自控。

她跑遍了各大醫院的內科和神經科，做過腦電圖等檢查，可是結果都是正常的，醫生診斷都說是「神經衰弱」，讓她服用穀維素、維生素和各種補腦安神的中藥，可是一點效果都沒有。逐漸的，她產生了悲觀和消極的情緒，不得不求助於心理醫生，經診斷，醫生告訴她是患了「神經衰弱」，給她開具了抗憂鬱藥口服，並教她做放鬆訓練，兩週後小周自覺症狀明顯好轉，睡眠和食慾改善了許多，情緒也振作起來。

小故事大智慧

事實上，在歐美很多國家，「神經衰弱」這個概念已經不復存在，很多傳統意義上的「神經衰弱」，是一種沒有很多特徵性的症候群，隨著診斷的細分，通常會被分解成其他各種身心疾病。常常被分診為焦慮症、心境惡劣、疑病症、軀體化障礙等，專家已經證實，原有「神經衰弱」的患者中有百分之八十伴有憂鬱狀態。所以診斷上切忌對號入座，應該見心理醫生，明確診斷。

有權威研究資料顯示：神經衰弱的當事人在患有神經衰弱之前，往往長期處於超負荷的體力或腦力勞動環境中，或者經歷了諸如失戀、事業失敗、上下級關係緊張、意外打擊等生活中很多失意的事，引起情緒的波動和紊亂，是產生神經衰弱的主要原因。因為據有關資料統計，腦力勞動者發病占百分之九十六以上，這間接的說明神經衰弱與過度腦力勞動有關。所以，許多心理學家一致認為是超負荷的體力或腦力勞動引起大腦皮質興奮和抑制功能紊亂，而產生神經衰弱症候群。

但是，有些人常年加班，大腦長期處於緊張狀態，也未發生過神經衰弱。這到底是什麼原因呢？因為除了外在的精神因素外，當事人本身的性格特點也是神經衰弱產生的內在原因。從性格特點上看，神經衰弱的當事人偏向於膽怯、自信不足、敏感、依賴性強；也有的當事人任性、好勝、難以自制。這種性格的人，當長期處於精神刺激或者處境不利時，相對於擁有健康性格的人，很容易引起自律神經失調，出現神經衰弱。

有神經衰弱的人，主要是注意力不集中。有兩個方面的表現，一個是當事人容易因為外在環境的偶然無關刺激或變動而被動的轉移了注意；另外一個方面是思考不能關注於某一個主題，聯想和回憶不斷的把思想引向歧途，甚至離題萬丈。對於後一種情況，當事人往往把它形容為腦子很亂。所以，當事人經常感到精力不足、萎靡不振、不能用腦，或反應遲鈍、不能集中注意力、記憶力減退、工作效率降低。

但是，任何事都不是絕對的，對於神經衰弱的預防，應該記住「有勞有逸」。

解壓之道

「神經衰弱」直譯為「神經的虛弱」。這一名稱是美國著名心理學家格·姆·比爾德首先提出來的，他認為神經衰弱是與神經系統器質性疾患不同的一種功能性疾病，患者大都具有神經素養質。目前認為神經衰弱是指由於某些長期存在的精神因素引起腦功能活動過度緊張，從而產生了精神活動能力的減弱。其主要臨床特點是易於興奮又易於疲勞。常伴有各種軀體不適感和睡眠障礙，不少患者病前具有某種易感素養或不良個性。

那麼，神經衰弱應如何調節呢？

神經衰弱者往往過度關注、擔心自己的症狀，這種不恰當的態度和情緒往往使病情進一步惡化，所以，我們應該積極的、平靜的面對自己的症狀，不強迫自己立即消除和擺脫它，帶著它生活，在此基礎上重新界定適合自己的恰當的目標，並適當的安排時間，科學用腦。相信這種失調會逐步被調整過來的。

另外，應改變對睡眠的過度關注。當我們睡不著的時候，不必刻意強迫自己睡，應順其自然，利用那段沒有人打擾的時間做一點有益的事情，該睡的時候自然會睡著。

1 運用自我催眠法

運用這個方法時應選擇較為安靜的環境，在午間和晚上臨睡前進行。在眼前二十公分處掛一個直徑二公分的小球，使小球稍低於視平線。眼睛盯著小球，不要輕易眨動，用輕聲緩慢的默念語言指導自己放鬆和入眠（有條件者可以將放鬆指導語和催眠誘導語錄製好，需要催眠時放錄音就可以了）。

放鬆指導語：

「現在我舒適、安靜的躺著，我感到額部放鬆了，頭頂部放鬆了，後腦勺放鬆了，臉部放鬆了，耳部放鬆了，下巴放鬆了，頸部放鬆了，雙肩放鬆了，雙臂也放鬆了，雙肘也放鬆了，雙手也放鬆了，一股溫暖的感覺在手心流動——現在，這種溫暖、鬆弛的感覺從手心傳到了前臂、上臂、肩部，肩部更加放鬆了——溫暖的感覺來到了胸部，胸部也放鬆了，無力了，呼吸越來越平穩——鬆弛、無力的感覺傳到了腹部，腹部也放鬆了，現在大腿也放鬆了，鬆軟的感覺傳到了小腿，傳到了雙腳，雙腳放鬆了，無力了。腳心有一股暖流在流動——放鬆、無力感又回到了雙腿，雙腿很沉，我已不想挪動它們。我的整個身體都放鬆了，無力了。」

當感覺到全身已放鬆時就可以進行催眠誘導了，可用如下誘導語：「我的全身放鬆了、困乏了，我已經很不想動了——我的眼部感到了困乏，眼睛很澀，眼瞼很沉滯——倦意已經占據了我的大腦，大腦變得模糊了——我的全身都充滿了倦意，手、腳已無力動了，我很想睡了——我的眼睛已經睜不開了，我真想閉上眼睛睡一覺——我閉上眼睡吧，閉上吧，我很快就要睡著了——濃濃的睡意籠罩了我，我要睡了——我會很深、很熟的睡一覺的。」這樣的催眠誘導語可以重複使用、直到睡著為止。

2　每個人都是不同的，應坦然接受自己

一些神經衰弱者的疾病起源於自己不能接受自己的憂鬱，強迫自己做使自己難受的事，結果使自己陷入緊張和煩惱之中，不能自拔。如果你是這一類人，停止與自己過不去的行為吧。你的敏感與超人的洞察力會使你在某些方面高人一籌，如藝術、表演、寫作、發明創造等等。只要你利用自己的優勢，你完全可以在這些方面獨領風騷，在事業上獲得成功並生活得很有尊嚴。每個人有自己的活法，並不是整天成為別人注意中心的人才能快樂。找一些自己信得過的人傾吐一下會使自己舒服許多，如果沒有知心朋友不妨靠寫日記

來使自己平靜。此外，學會禮貌的表示自己的不滿也很重要。總之，坦然的接受自己的憂鬱質會使自己身心健康，更好的享受人生的樂趣。

心靈咖啡館

有這樣一位名醫，在當地享有盛譽。一天，一位青年婦女來找他看病。檢查後發現，她的子宮裡有一個瘤，需要手術割除。

手術安排的很快，手術室裡都是最先進的醫療器材，對這位有過上千次手術經驗的名醫來說，這只是個小手術。

他切開病人的腹部，向子宮深處觀察，準備下刀。但是，他突然全身一震，刀子停在空中，豆大的汗珠冒上額頭。他看到了一件令他難以置信的事，子宮裡長的不是腫瘤，是個胎兒！

他的手顫抖了，內心陷入矛盾的掙扎中。如果硬把胎兒拿掉，然後告訴病人，摘除的是腫瘤，病人一定會感激得恩同再造；相反，如果他承認自己看走眼了，那麼，他將會聲名掃地。

經過幾秒鐘的猶豫，他終於下了決心，小心縫合刀口之後，回到辦公室，靜待病人甦醒。然後，他走到病人床前，對病人和病人家屬說：「對不起！我看錯了，你只是懷孕，沒有長瘤。所幸及時發現，孩子安好，一定能生下個可愛的小寶寶！」

病人和家屬全呆住了。隔了幾秒鐘，病人的丈夫突然衝過去，抓住名醫的領子，吼道：「你這個庸醫，我要找你算帳！」

孩子果然安好，而且發育正常。但醫生被告得差點破產。

有朋友笑他，為什麼不將錯就錯？就算說那是個畸形的死胎，又有誰能知道？

「老天知道！」名醫只是淡淡一笑。

心中有原則，做事就不會為得失所迷，心情就不會為得失所累。

古人推崇「君子慎獨」，就是說即使自己獨處時，也要自律，不要做違背原則的事，即便沒人知道，那還有天知地知，自己的心知道。做了錯事就勇於承認，敢於糾正，哪怕為此付出代價，但起碼能獲得心靈的安寧。人人都難免犯錯，敢於承認錯誤可以提高你的信譽，也有助於自我完善。

3　正確認識自己，樹立的目標要恰當

神經衰弱者往往有過於完美的理想自我，他們對自己的要求很高，希望自己是人群中的強者，受人注目。為此，他們處處設戰場，事事爭強好勝。這在人才濟濟的現代社會，注定要遇到挫折，也就避免不了無盡的煩惱和緊張。所以，要想根治神經衰弱，應該從正

確認識自己，為自己樹立一個恰當的目標開始。

心靈咖啡館

幾個人在岸邊垂釣，旁邊幾名遊客在欣賞海景。只見一名垂釣者竿子一揚，釣上了一條大魚，足有二尺長。落在岸上後，仍跳動不止。可是釣者卻用腳踩著大魚，解下魚嘴內的釣鉤，順手將魚丟進海裡。周圍圍觀的人響起一陣驚呼，這麼大的魚還不能令他滿意，可見垂釣者雄心之大。

就在眾人屏息以待之際，釣者魚竿又是一揚，這次釣上的是一條一尺長的魚，釣者仍是不看一眼，順手扔進海裡。

遊客百思不得其解，就問釣者為何捨大而取小。想不到釣者的回答是：「因為我家裡最大的盤子只不過有一尺長，太大的魚釣回去，盤子也裝不下。」

這個故事告訴我們，人生的道路上，找到適合自己的目標非常重要。否則，將永遠會掙扎於不滿意的情緒之中。

4 自己去尋找樂趣

能使我快樂的事未必使你快樂，你首先應了解什麼能使你快樂。你可以回憶生活中讓你開心的事和場面，也可以試著參與一些從未參加過的活動，你還可以在做事中挖掘樂趣。並不是這個世界缺少歡樂，而是你不曾追求它。打開你的心扉，解放自己，慢慢的，你就會發現樂趣所在。

心靈咖啡館

有一天，小獅子問牠的媽媽：「幸福在什麼地方？」

獅子媽媽說：「幸福就在你的尾巴上。」於是，小獅子不停的追著自己的尾巴，結果追了一整天也追不到。牠問媽媽，獅子媽媽笑著說：「其實你不用刻意找尋幸福，追自己的尾巴，只要你一直向前走，幸福便會自然的跟著你。」

你相信幸福、平安、快樂是我們的本性，你相信我們自己就是那個源頭嗎？

「老想鼻子，明知這樣沒有意義卻禁不住還會去想」

——解析強迫性精神官能症

每個人都有對過去的懷念，痛苦的，甜蜜的，快樂的，悲傷的！應該留下什麼？割捨什麼呢？說要忘記，或許真的不容易，但是，至少可以選擇淡忘吧，這並不是逃避，而是釋懷，就如同吃飯喝茶那樣簡單，想到或提到時很平靜，很平靜！其實忘掉過去的種種，你可以是一個全新的自己，更好的自己。

典型範例

小吳 攝影愛好者

小吳老想到鼻子，明知這樣沒有意義卻禁不住還會去想，為此深為苦惱。自去年發現左側鼻間隔有息肉影響呼吸後，曾就診多家醫院，用過不少抗精神病藥，不見什麼效果。專科醫生檢查了其間隔狀況，安慰他說很多人情況與其類似，卻不影響生活，可以不需要動手術。但此前曾有醫生讓他做手術，他因害怕全身麻醉而拒絕了。但對於鼻間隔的關注與擔心，此後就不曾真正停止下來。期間有一段時間，小吳因車禍造成右手腕處嚴重骨折，不得不接受鋼板固骨處理，對於鼻子的關注因此有所轉移，苦惱減輕。轉移之後的強迫還是存在，只不過強迫的對象從鼻子轉向了手腕。當前，小吳為鼻子強迫的捲土重來而深為苦惱。

剛開始時是有頭昏、乏力等現象，精神無法集中，做事興趣減退，吃飯沒胃口，但睡眠不是很差。

現在是晚上失眠，睡覺品質不高，會做噩夢（一個人會有可怕的幻覺，特別是睡覺之前），有時還一整晚都在做夢。睡覺時緊張，沒辦法放鬆。由於晚上沒睡好，白天沒精神、乏力。人消瘦。自訴精神壓力很大。

小故事大智慧

案例中的小吳其實是受到了強迫症的困擾。那麼什麼是強迫症呢？強迫症也叫強迫性精神官能症，是指患者有某些重複的、不合理的、無意義的觀念、意向或行為，患者能意識到這是不正常的，甚至是病態的，非常想擺脫它們，但卻無能為力，並為此十分苦惱。

而且，強迫症如果細分的話，還分為強迫觀念和強迫行為，上述案例中小吳的情況就屬於強迫症的強迫觀念的問題。強迫觀念主要有強迫回憶（對做過的事反覆進行回憶、分析、總結）、強迫疑慮（對自己的行為產生不必要的疑慮，如常懷疑門沒鎖、信上的地址寫錯、強迫性窮思竭慮（一段時間裡總是想一件事情，無法使自己的腦子停下來）、對立觀念（有了一個觀念，馬上會出現與之對立的另一個觀念）。強迫恐懼，是個體害怕喪失自我控制能力，害怕會做出違反習俗甚至傷天害理的事。如某女看見別人的好東西就怕自己控制不住去搶，為此焦慮、緊張，走路時不敢看人。

強迫行為是強迫觀念的外在表現，如不停的洗手、計數與反覆核查。強迫行為可以分為屈從性強迫動作（動作與強迫觀念在內容上是一致的，如汙染的觀念導致反覆洗滌）與對抗性動作（動作是為了控制強迫觀念，如為了對抗淫穢內容的強迫觀念，患者反覆背誦道德箴言）。其中反覆洗手者占病人總數的一半，反覆複檢查者占四分之一，沒有強迫行為的占四分之一。

強迫症一般是由某些強烈的精神因素作為起病誘因。那些性格主觀、任性、急躁、好勝、自制能力差的人容易得強迫症，少數強迫症的當事人具有精神薄弱性格，自幼膽小怕事、怕犯錯誤、對自己的能力缺乏信心，遇事十分謹慎，反覆思量，事後不斷嘀咕並多次檢查，總希望達到盡善盡美。在眾人面前十分拘謹，容易發窘，對自己過度克制，要求嚴格，生活習慣較為呆板，墨守成規，興趣和愛好不多，對現實生活中的具體事物注意不夠，但對可能發生的事情特別關注，甚至早就為之擔憂，工作認真負責，但主動性往往不足。

解壓之道

強迫症與人的強迫人格密切相關，所以，要想擺脫強迫症，就要重塑自己的人格。這要從以下幾方面入手：

1　樹立必勝信心，盡力克服心理上的誘因，以消除不良情緒

必勝的信心是相信自己的欲望或預想一定能夠實現的心態。它建立在顯示的基礎上，是足夠的準備、高超的見識、卓越的能力的展現。這種由知識、見識和能力所形成的信心，能夠清楚的預知事情的必然發展趨勢，並將你引向成功之路。

心靈咖啡館

患者瓊西得了重病，醫生告訴她將不久於人世。當時正值深秋，院子裡的常青藤開始落葉。瓊西確信，當最後一片葉子落下，自己就該去了。可奇怪的是，那一片葉子竟怎麼也不肯落下，瓊西因此受到鼓舞，堅定了要活下去的信念。在醫生的幫助下，瓊西最終戰勝了病魔，恢復了健康。

還有一個故事：一個人在河裡游泳，不幸被浪捲向下游，當他準備放棄的時候，突然想起去年夏天看到一棵大樹的粗枝就沒在前方不遠處。一股求生的欲望一下子充溢著他的每根神經，他奮力掙扎，當他費盡九牛二虎之力抓到樹枝時，卻發現經過一年的浸泡，樹枝已經腐爛。這時候，救援的人及時趕到，他被救了起來，重新獲得了生命。

兩個故事的主人公用生命為我們詮釋了這樣一個道理：守住信念就留住了希望。不難

想像，如果瓊西聽了醫生的診斷後就躺在床上等死，那麼等待她的很可能就是死亡；同理，如果落水者放棄希望，那麼他也只會藏身魚腹。

生活中時常會碰到這樣或那樣的困難，我們一定要堅守住自己的信念，不要被困難嚇倒。俗話說守得雲開見月明。在烏雲密布的夜晚，只要我們有著對明月的渴望和抱著明月總會出來的信念，靜靜的等待，往往最終都會等到明月普照大地的美麗瞬間。

守住自己的信念吧，哪怕它只是秋天最後一片落葉，哪怕它只是水中一截腐朽的枯枝，只要你不曾對生活失去信心，生活就不會虧待你，因為守住了信念就留住了希望。

2 用堅強的意志力去克服不符合常理的行為和思維

意志力就是人在為達到既定目標的活動中，自發行動，堅持不懈，克服困難所表現出的心態。一種人格力的增強只有透過與這種人格力相關的行為來增強。對於每一個要克服的障礙，都離不開意志力；面對著所執行的甚至一個艱難的決定，我們所依靠的是內心的力量。事實上，主動的意志力能讓你克服惰性，把注意力集中於未來。

心靈咖啡館

有一個人對學功夫很熱衷，纏著要拜一位老師為師，老師說行啊，不過我收學生有一個規矩，凡是意志力薄弱的不要，你給我站一下大馬步吧，能站五分鐘就留下，站不了回家去。

大馬步樁是武功的基本功夫，要求兩腳分開為臂寬的兩倍，大腿蹲平，是一種很吃力的功夫。朋友拉開架子往地上一站，只過了半分鐘就來了反應，兩腿顫抖，呼吸急促，滿臉漲紅。不到一分鐘就快撐不住了，嘴裡嚷著「我不行啦我不行啦」就歪著身子站了起來，看得大家都哈哈大笑。

老師說回去吧，他不走，說拜師以後一定會刻苦練功，請求老師收下他。老師說連五分鐘的意志都沒有的人，以後憑什麼去刻苦練功？但朋友還是賴著不走，請求老師再給他一次機會。老師說行啊，那就再站一下吧。

他歇了一會，深深的吸了幾口氣，把牙一咬對著眾人說：我一定能成功！老師微笑不語，他喘著大氣咬牙切齒的站著，又是不到一分鐘。這回他不好意思再說什麼，給老師道個歉轉身就走了出去。

一年後他又去找老師，老師還讓他站樁，他一站就站了三十分鐘，老師滿意的點點頭把他收下，大夥很驚奇的問他是怎麼練的。

他後來說回去以後是羞愧難當，發誓要為自己爭回這口氣，不是站五分鐘，而是要站三十分鐘。

當天夜裡他就開始練站樁，但是不到一分鐘又不行了。第二天繼續站，還是過不了一分鐘，他天天如此，屢站屢敗。這樣反反覆覆的持續了一個月，他感覺再這樣練下去是不會有結果的，因為這種反覆不是在堅強自己的意志，而是進一步侵蝕本來就不強的意志力。

他悶頭想了半天，忽然醒悟到這是好高騖遠所帶來的惡果，為什麼每次都要盯著三十分鐘不放呢？連一分鐘也站不了的人老想著三十分鐘只能令自己更加洩氣。於是他把目標定在一分鐘上，等能夠堅持一分鐘再說。

當天夜裡他就站了一分鐘，這讓他喜出望外，決定第二天加碼至五分鐘，沒想到第二天站到一分鐘左右就堅持不下去。這回他學乖了，馬上察覺到自己又重犯了浮躁的老毛病。冷靜下來以後他做了一個練功計畫，決定以一分鐘為基礎，每過一個星期增加半分鐘，給自己在一年內達到站樁三十分鐘的目標。

就這樣，他每天夜裡練站樁，開始那一段還得咬牙切齒的堅持，不斷的想去看腕子上的手錶。過了一段時間，心開始變得平和，不再去關心時間。再過了一段時間，發現大腿沒以前那麼痠痛了。但他沒有改動計畫，還是按部就班去站樁。直到有一天，腦子裡冒出了一個念頭：今天不設手錶定時，看看能站多長時間。結果他一站就站了三十分鐘。

這個故事告訴我們意志力不是憑空而來的，增強意志力需要腳踏實地去實踐，不能悲觀失望，也不能好高騖遠。只要一步一個腳印的走下去，就會積少成多，到達預定的目標。

3　循序漸進，並持之以恆

要想矯正強迫症行為和思維就需要循序漸進，並持之以恆，不斷總結成功的經驗。意志的堅韌，能發出神氣的功效。不後退，不放棄，就必定能達到目標。在別人都已經停止時，你要繼續做下去，別人都已經放棄希望時，你仍進行，這是需要相當大的勇氣的。但也正是這份勇氣，使你能成就更美好的未來。

心靈咖啡館

你知道石匠是怎麼將大石頭敲開的嗎？

石匠所擁有的工具只不過是一個小鐵鎚和一支小鑿子，可是這塊大石頭卻硬得很。當他舉起錘子重重的敲下第一擊時，沒有敲下一塊碎片，甚至連一絲鑿痕都沒有，可是他並不以為意，繼續舉起錘子一下再一下的敲，一百下、二百下、三百下，大石頭上依然沒出現任何裂痕。

可是石匠還是沒懈怠，繼續舉起錘子重重的敲下去，路過的人看他如此賣力而不見成效卻還繼續蠻幹，不免竊竊私語，甚至有些人還笑他傻。可是石匠並未理會，他知道雖然所做的還沒看到立即的成效，不過那並非表示沒有進展。

他又挑了大石頭的另一個地方敲，一錘又一錘，也不知道是敲到第五百下還是第七百下，或者是第一千零幾下，終於他看到了成效，那不是只敲下一塊碎片，而是整塊大石頭裂成了兩半。

是他最後的那一擊，使得這塊石頭裂開的嗎？當然不是，而是他一而再、再而三連續敲擊的結果。如果我們能時刻保持持續不斷努力實現目標的決心，就有如那把小鐵錘，一直不停的敲著，直到能敲碎一切橫在成功旅途上的巨大石塊。

4　豐富業餘生活

多參加集體性活動，多培養生活中的愛好，以建立新的興奮點去抑制病態的興奮點。

5　順應自己的欲望，做自己力所能及的事

強迫症持續存在的原因之一是我們強烈的渴望盡快的消除它的強迫態度造成的惡性循環。所以，我們要打破這種惡性循環，學會與自己的症狀同在。

首先，不要阻止自己的思想。我們都不是神仙，都有嫉妒、享樂、占有、報復等各種

念頭，但再下流的想法只要沒有付諸行動，就不會造成對他人的傷害，不會犯法，而且別人也看不出來。所以，我們沒必要為之慚愧進而壓抑它。其次，要學會與自身的疑慮和平共處，帶著它去生活、工作。是的，疑慮使我們深感痛苦，但這是我們自然人生的一部分。佛教說人生是苦的，俗語說「家家有本難念的經」，我們憑什麼要求上天的偏袒，使我們的生活沒有痛苦？成熟的人能面對痛苦，帶著痛苦生活。當我們與痛苦同在，在痛苦中奮鬥時，我們的人生會更有滋味，我們也將更能感受到自己的力量。

我們的努力無法驅逐我們的症狀，卻能使我們在自己擅長的活動中表現出色。所以，發現自己的特質與優勢，並積極的投入，你將會讓人刮目相看。不知不覺中，你的症狀也就消失了。

心靈咖啡館

十二世紀，英國奧卡姆的威廉主張唯名論，只承認確實存在的東西，認為那些空洞無物的普遍性概念都是無用的累贅，應當被無情的「剔除」。他主張「如無必要，勿增實體」。這就是常說的「奧卡姆剃刀」。這把剃刀曾使很多人感到威脅，被認為是異端邪說，威廉本人也因此受到迫害。然而，並未損害這把刀的鋒利，相反，經過數百年的歲月，奧卡姆剃刀已被歷史磨得越來越快，並早已超載原來狹窄的領域，而具有廣泛、豐富、深刻的意義。

奧卡姆剃刀定律的含義是把事情變複雜很簡單，把事情變簡單很複雜。這個定律要求，我們在處理事情時，要把握事情的主要實質，把握主流，解決最根本的問題，尤其要順應自然，不要把事情人為的複雜化，這樣才能把事情處理好。

第四章　想要好好學習，從心態管理開始

要正確的認識和評價自己的能力，調整自己的抱負水準和期望目標，使之切合自身和客觀現實。不怕困難與失敗，勇於迎接學習中的挑戰，加強心理調節，遵循大學學習規律，以增進學習效果。

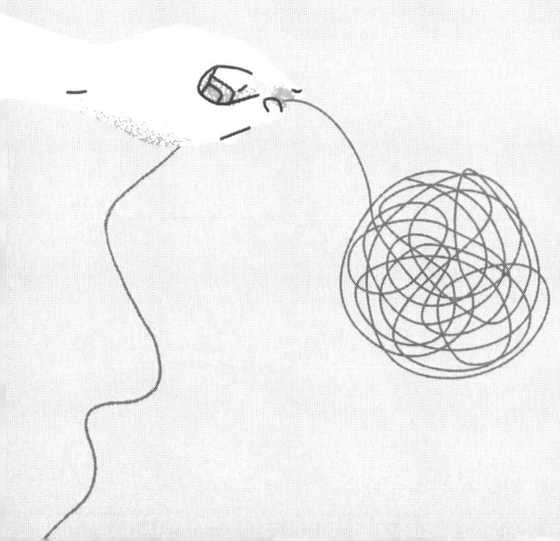

「想了很多辦法，成績就是不理想」——解析學習策略不良

目前，中外學者業已確認的獨立的學習策略就多達六百多種，但尚不能稱為最好的、一成不變的學習策略。適合別人的，不一定適合自己；今天適合自己的，明天不一定仍適合自己。因而，應結合不同的學習目的、學習階段、個性特點，透過思考、對比、調整，去摸索適合自己的學習策略和方法。

典型範例

張艾大一學生

高中時，張艾雖不曾被人羨慕和崇拜過，但也從未擔心過自己的學習，當她滿懷信心的來到大學後，生活上一直挺順暢，沒遇到什麼困難，但卻也遇到了學習上的問題：「為什麼過去我用這種方法學習能考出好成績，而現在，學習氣氛寬鬆了，學習壓力減輕了，反而應付不了了？」

想了很多辦法，考試成績卻總是不理想，平時的月考還算合格。期中、期末的大考就很糟糕了，她的自尊心受到了打擊，感到自己很沒用，沒信心繼續讀下去。

小故事大智慧

紐約市昆士區學院教育系教授肯尼．鄧恩研究指出，「學習成功的祕訣在於能夠找到最適合自己的學習方式。學習策略是在學習過程中逐漸形成和發展起來的。學習策略好不好，不是一天兩天的事，而有一個漸進的過程，不僅涉及學習方法，而且關乎學習習慣。學習策略不良主要是學習者個人的原因。」

張艾的問題原因在於：

首先學習方法不當直接造成她成績不理想。她嚴格按照自己制定的計畫勤奮學習，而這樣做恰恰是本末倒置的。這名學生的遭遇恰恰說明了一切，大量的投入不等於良好的效果，方法正確與否才是成功的關鍵。這名同學習慣了高中時的學習方式，來到大學後沒有意識到新的學習方法以學生自學為主、教師指導為輔的特點，仍然沿用以前的學習方法，結果只能是事倍功半。究其根源在於她沒有認真分析大學課程的學習特點，導致學業成績不理想，引起學習壓力。

其次學習動機不良也是導致其學習方法不當的原因之一。這名學生過去一直成績優秀，她以為現在讀大學了，也應該是同樣的，但是現實卻不是她想像的那樣，她無法接受這個事實，於是她便加倍的努力，這時她的學習動機便出現了問題，可是由於她對已經變化了的現實中的自我沒有真正認識清楚，沒有從根本上改進學習方法，只能是事與願違，理想中完美的自我和現實中普通的自我之間差異如此懸殊，漸漸的，她喪失了學習的信心和興趣。

解壓之道

學習策略的形成和發展，關鍵在於使學生透過自己的體驗能夠實現對知識和技能進行內化，讓學生真正的學會學習。著名教育心理學專家皮連生提出，學習是一個資訊加工的過程，學習成效取決於對每個階段資訊加工的正確性。遭遇學習策略問題，對大學生的自尊心和自信心都是一個打擊，有效的學習，首先不是迫不及待的著手掌握方法、最佳化策略，而是正確處理因策略不良而導致的心理感受，消極的情緒會影響人的思維，只有待心境平和了，再去分析問題，才能找到更適合自己的好辦法。

那麼，當代的大學生應該怎樣有效的改善自己的學習策略？下列的幾點方法相信會對正在迷惘中的大學生達到引導和幫助的作用。

1　有效提高記憶效率

不要為了記憶而記憶，其實，最好的記憶方法是歸納總結，所以一定要掌握一些歸納整理的具體方法，比如透過畫流程、列圖表、編提綱等方式，讓知識在頭腦中形成一個清晰的結構，這樣既可以抓住學習內容的重點和難點，又可以使知識條理化、系統化，更重要的是降低了記憶的工作量、減輕了心理壓力，最終記憶更牢固。在總結、記憶、練習等鞏固知識的手段的基礎上，注重實踐操作，做到手到、心到，保證理論知識的消化和吸收，使新知識與舊知識相結合，提高記憶效率。

心靈咖啡館

小娟是一個很散漫的人，經常丟三落四，她為此吃過很多苦頭，可是毛病照樣沒改。

她覺得很尷尬，因為早上在路上碰見一個上一年級的同學，那個同學很熱情的跟她打招呼，還討論了一些昨天郊遊的事情，可是她一直沒有想起來這個同學的名字。昨天她們在郊遊的時候認識，當時走在一起，玩得很開心，並互相介紹了自己，可是才一個晚上的工夫，自己就把人家的名字給忘了，唉！小娟越想越煩悶。

這時，有人拍了一下她的肩膀，回頭一看，是好朋友小雪。小雪問她：「想什麼呢？又在發呆？」

「沒有什麼。」

「你是不是忘記了一件事？」

「什麼事？」

小娟又開始緊張了。

「真的想不起來了？今天是我生日，你不祝福我？」

「哦——對不起！」小娟開始為自己的健忘感到生氣了。

有時候你是不是也會有這種健忘的情況？學習也一樣，這都是我們記憶疏忽的原因。學習就是一個理解、記憶和運用的過程。也就是說，記憶在學習中占了很大一部分，並影響學習效果。如果從現在開始掌握一些科學的記憶方法，並靈活運用，就可以明顯提高學習效果，一分鐘的時間達到兩分鐘的作用。這樣不僅可以迅速提高我們的成績，還能省下更多時間去做一些喜歡的事情。

2　提高思維效率

不同的時空環境下，大腦的思維效率是不同的，而且因人而異。對學生來說，提高了思維效率，有利於知識的學習。每個人都有自己的思維效率最高的時刻，尋找自己思維最活躍，效率最高的條件與時刻，對於提高思維能力很有意義。

另外，學生要跟上新老師的教學方法和速度，課前要預習，要帶著問題上課，課後及時複習總結，把握自己在該課程上的學習特點和規律。不同的科目有不同的學習過程，有的側重動腦思考，有的側重動手實驗，熟悉其基本過程，學生要有目標、有重點的提高學習效率。

3 認真做聽課記錄

現在有很多大學生，既不會聽課，也懶得記筆記，有些覺得老師沒有板書，「無法」記筆記。筆記是自己對課程內容的理解和思考，展現了自己學習的重點、難點和疑問，這樣在複習時也能節省時間、把握要點。

心靈咖啡館

小貓長大了。

有一天，貓媽媽把小貓叫來，說：「你已經長大了，三天之後就不能再喝媽媽的奶，要自己去找東西吃。」

小貓惶惑的問媽媽：「媽媽，那我該吃什麼東西呢？」

貓媽媽說：「你要吃什麼食物，媽媽一時也說不清楚，就用我們祖先留下的方法吧！這幾天夜裡，你躲在人們的屋頂上、梁柱間、陶罐邊，仔細的傾聽人們的談話，他們自然會教你的！」

第一天晚上，小貓躲在梁柱間，聽到一個大人對孩子說：「小寶，把魚和牛奶放在冰箱裡，小貓最愛吃魚和牛奶了。」

第二天晚上，小貓躲在陶罐邊，聽見一個女人對男人說：「老公，幫我的忙，把香腸和臘肉掛在梁上，小雞關好，別讓小貓偷吃了。」

第三天晚上，小貓躲在屋頂上，從窗戶看到一個婦人叨念著自己的孩子：「起司、肉鬆、魚乾吃剩了，也不會收好，小貓的鼻子很靈，明天你就沒得吃了。」

就這樣，小貓每天都很開心，牠回家告訴貓媽媽：「媽媽，果然像您說的一樣，只要我仔細傾聽，人們每天都會教我該吃些什麼。」

靠著傾聽別人談話，學習生活的技能，小貓終於成為一隻身手敏捷、肌肉強健的大貓，牠後來有了孩子，也是這樣教導孩子的：「仔細的傾聽人們的談話，他們自然會教你的。」

高聲吆喝只會喪失學習機會，唯有保持聆聽才能獲得更多，看得更深。只有高效率的去聆聽別人，才會讓自己很快的豐滿起來，超越原來的你自己。

4　提高閱讀效率

鯨吞法和牛食法都是提高閱讀效率的好方法。鯨吞法就是對那些只有瀏覽價值的書，不妨讀得快一些，是書籍則看簡介和目錄，是論文則看摘要和關鍵字，需要的話，再看參考資料。牛食法就是對於相對價值較大的知識，細嚼慢嚥、反覆體會、深入理解。當今世界知識爆炸，只會牛食的人，將會營養不良；光懂鯨吞的人，將會收穫膚淺。關鍵是將兩者結合起來，運用自如。

5 合理安排時間

重新安排學習和休息的時間，有勞有逸，做到有張有弛，不打「持久戰」、「疲勞戰」。要學會自我調節。調整學習目標，根據自己的狀況，制定切合實際的短期學習計畫，把目標分割成小塊，並按照學習進度及時調整學習計畫。

心靈咖啡館

愛迪生未成名前是個窮工人。一次，他的老朋友在街上遇見他，關心的說：「看你身上這件大衣破得不像樣了，你應該換一件新的。」

「用得著嗎？在紐約沒人認識我。」愛迪生毫不在乎的回答。

幾年過去了，愛迪生成了大發明家。

有一天，愛迪生又在紐約街頭碰上了那個朋友。「哎呀」，那位朋友驚叫起來，「你怎麼還穿這件破大衣呀？這回，你無論如何要換一件新的了！」

「用得著嗎？這裡已經是人人都認識我了。」愛迪生仍然毫不在乎的回答。

人或許永遠跑不過時間，但可以比原來跑快一些，甚至幾步，這幾步可能就會創造很多東西，就可以推動社會的進步，就可以在一個人歲月的長河中留下光輝的一瞬。

「以前熱衷的事現在也沒興趣了。」——解析學習挫折心理

人遭到挫折之後，把自己的情感和精力轉移到有益的活動中去，從而將不良情緒導往比較崇高的方向，使其得到昇華，這是最為積極的辦法。善於採取昇華這種積極的方式，就能像貝多芬說的一樣：「透過苦難，走向歡樂。」失之東隅，收之桑榆，在挫折面前，用理智來駕馭惡劣情緒。透過分析，如果發現原來的目標是無法實現的，可以放棄原有的目標，選擇新的奮鬥方向。

典型範例

孫浩大一學生

孫浩，大學一年級學生。在小學時各門功課一直不錯，進入國中後，每次考試也都名

列前茅。但自從大一第一學期的期末考試數學僅得八十分後，他受到極大的打擊，因為數學一直是他的強項，從沒低於九十分。自這次期末考試後，他就像變了一個人。

過去的他，樂於助人、熱情開朗，可現在變得整天悶悶不樂，總感到周圍的同學在嘲笑他，動不動就發脾氣。有幾次，同學叫他一起去看電影、看足球賽，這都是他過去熱衷的事情，可現在他全部拒絕，總想把自己鎖在屋子裡，甚至不願和老師、同學接觸。

小故事大智慧

這位學生在心理上不能接受自己不是最優秀的事實，不再是眾星捧月的焦點，他的挫折感是因為心理需要的滿足程度的反差所導致的心理失落感。

美國著名心理學家詹姆斯．W指出：挫折，是對人們精神上的一種打擊。個體在遭受挫折後，會引起生理上和心理上的反應，只是在同樣的條件下，每個人對挫折反應的形式不同、強度不同、時間不同。然而，不論挫折反應的個體差異如何，所有對挫折的情緒和行為的反應都是為了擺脫挫折對自己帶來的心理煩惱、減少內心的衝突與不安。學習挫折是一種主觀感受，主要受個體承受力的制約。那些因學習遇到挫折而苦悶、煩惱的學生，只有振奮精神，正視自己的失敗，找出問題的癥結所在，才會有戰勝挫折的力量。

美國心理學家羅特在他的人格理論中將人們對影響自己成敗的因素的看法稱為「控制

點」，這個控制點在個人行為中所達到的作用很大。每個人對際遇都有自己的看法，這就造成每個人的控制點的差異。受挫後，應該從動機、期待目標和行為結果來客觀的分析原因。

解壓之道

大學是人生的重要的心理轉折時期，是人的世界觀、人生觀確立的重要時期，生理、心理等多方面面臨著轉變，很容易產生挫折。學習挫折是大學生最容易遇到的挫折。對於學習挫折，有的人因對挫折缺乏心理準備，產生嚴重的心理失衡，影響正常的生活和身體的健康；有的人能夠正確認識，把它當作是一次教訓或轉折，很快便能從中振作起來。

那麼，當代的大學生應該怎樣有效的提高自己的學習挫折感？下列的幾點方法相信會對正在迷惘中的大學生達到引導和幫助的作用。

1　重新認識自我

重新認識自我，分析自己的長處和弱點，積極調整自己過度自信的心態，調整學習取向，確立正確的人生目標；正視現實，不沉溺於幻想與失落之中，對學校和文理科的選擇要有一個正確的認識與評估。

心靈咖啡館

有這樣一個男孩，他從小就是一個注重平衡發展的學生。他每一科成績都維持中上等，運動也在行，但稱不上明星球員，頗有創作天分，但若要作個真正的藝術家，卻不怎麼熱衷，在考大學時，語文成績幾乎與數學成績不相上下。

在他大一時，所選的全是科學課程，還打算主修理論物理。（他那望子成龍的父親是個很實際的人，他說，學物理可以，但是理論兩個字要去掉）

一年後，做兒子的發現，物理學動人之處在於抽象的部分。

父親的憂慮沒維持多久，兒子到了三年級又有了新想法，他雖喜歡數學的井然有序，但受不了那冷冰的感覺。於是又決定改攻藝術。（這時，素來忠實的父親禁不住自問：「我們到底是哪裡錯了？」）

好不容易，錢也花了，時間也付出了，這位年輕人終於達到目標，成為了建築師，從此再也未改變過志向。而且做的有聲有色。

雖然他的父親曾一度絕望，認為這個兒子怎麼都不成材，但事實上，這個孩子行動大膽而明智，他好不容易發現自己真正的性格與才華，然後選定一個行業，從一而終。

物理學給他物理結合的原理，數學給他度量與秩序感，藝術則造就他的眼光與靈巧的雙手。

也許你會憂慮的問：如果十八歲尚未決定將來是否要學法律，或者在大一未修完企業管理研究所必備的學分，這一生是不是就沒指望了？請看上面的故事，這些憂慮事實上是杞人憂天，因為根本沒有人能在十七八歲做好決定，為自己的一生訂好方向，即便勉而為之，也是利少弊多。

活到老，學到老。挖掘個人潛能，才是終生事業。

2　坦然面對挫折

在這裡要分兩個步驟進行：第一要看自己的目標是否過大，與自己的能力是否不相匹配；過大的目標，即使再努力，也只能以失敗告終，這就需要把大目標改成易於達成的階段性小目標。第二要看自己達到目標的方法是否合理，有正確的途徑和好的方法，就能夠事半功倍，因此選擇方法很重要，如果探索方法不當，應立即改弦更張，不要固執己見，坐失良機。調整認知，對自己好一點。自己並沒有在學習上有什麼真的失敗，就算不能考第一，「山外有山，人外有人」，也是證明自己長大了，生活圈子擴大了，也是對自己的考驗。成功者之所以成功就在於他們對待挫折的態度。

在北風呼嘯的冬季，一支登山隊在攀登一座陡峭的大雪山。稍有不慎，他們就會從上面摔下去，粉身碎骨。

意外的事還是發生了，隊長一腳踩空，向下墜落。

他想發出一聲臨死前的悲呼，但是只要他一出聲，準會有人受到驚嚇，攀爬不穩，再掉下去！他咬緊牙關，硬忍著不發出一點聲音來。

就這樣，他無聲無息的落在了萬丈冰谷裡。

親眼目睹這一慘烈場面的只有一個隊員。

本來，他是可以發出一聲驚叫的，但是多年的經驗使他明白，驚叫一聲不僅不能救回隊長，而且還會驚嚇其他隊員，給全隊帶來災害。

他像沒事人一樣繼續向上攀登，每登一步，眼淚都會掉下來，打在雪上，登頂後大家才發覺隊長不在了，他把事情的真相說了出來。

大家什麼都沒有說。

這是世界上最優秀的一支登山隊，因為它的隊員能夠坦然面對自己的死亡，也能坦然面對朋友的死亡。

他們不僅登上了自然的高峰，也登上了人性的高峰。

事情既然已經發生了，大呼小叫也無濟於事，反倒不如坦然面對，因為，這樣也許才能更好的保全自己，迎來勝利。

3　協調好身邊的人際關係

最大限度的適應環境、調整社會角色、協調人際關係，特別要處理好學習知識與能力鍛鍊的關係。在抓好學習的前提下，適當參加一些社會活動、勤工助學活動，培養健康的業餘愛好和興趣，避免整天在網咖聊天、玩遊戲。慎重交友與戀愛，不要將時間浪費在一些無意義的活動中。擺正學習的位置，將主要精力放在學習上，並在學習中培養興趣，尋找學習的樂趣，方可克服學習挫折心理，順利完成學業。

4　磨練堅強意志

孟子的「天將降大任於斯人」的話，深刻指出了意志在人生道路上的作用。成就大事業的人必受其意志的考驗。在向目標前進中，失敗是常常發生的；學會面對失敗，適當的宣洩是可以的，但是之後，要學會控制自己的不良情緒，想想如果沒有不如意怎麼會襯托出生活的豐富和生活中的美好？轉移注意力，讓自己的心情盡快好起來，並且盡可能的保持一種愉快、舒暢、積極的情緒。成功的過程就是戰勝挫折的過程。對真正有決心的人來說，挫折往往提供了爬上頂峰的不可缺少的臺階，連挫折自己都說：「我不是惡棍，每個喜歡探索和追求的人，都是我終生相許、棍打不散的情人。我給他們一份荒謬、兩份不幸，再給他們三份收穫、四份歡欣，讓他們在痛苦中變得聰明。」

心靈咖啡館

有一頭驢掉進了一個枯井裡，井很深，農民們想盡了辦法也不能把牠從井裡救出來，驢子在井裡不停的叫喚，全村的人都被這淒厲的叫聲弄得心神不寧。看來，只能把牠給埋了。

當第一鏟土落在井裡時，驢子似乎知道了人們的意圖，叫得更響了。

第二鏟土落下來的時候，驢子突然不叫了，人們看到，牠把落在身上的土抖下來，用四個蹄子踩在井底，隨著一鏟一鏟的土落在井裡，那頭驢蹄子下的土越來越多，慢慢的，驢子竟從井底隨著堆的越來越高的土上來到了井邊。

要說意志是個什麼東西，誰也說不清，但可以肯定，我們都希望擁有堅強的意志。

像那頭驢，誰也幫不了你，只能自己幫自己。很多時候，意志並不單單是面對其他的事物，更難的是面對自己的內心。

「讀書分心，根本學不下去」——解析學習缺乏動機

動機是一個人發動和維持活動的個性傾向性，是在需要的基礎上產生的，是需要的表現形式。學習動機就是推動學習活動、確定學習方向以及引導、維持、調節、強化學習活動的一種內部機制或內在歷程。只有明確的認識到自己當前的學習與將來生活、工作和學習的密切關係，體會掌握科學文化知識，發展自己的智力、才能是未來人生道路上不可或缺的本領，才能確立遠大的、高尚的、強有力的學習動機，才能產生強烈的而又持久的學習熱情。

典型範例

小衛　大三學生

小衛身材勻稱，相貌端正，看起來是個樂觀開朗但又不失溫柔細膩的女孩。以前學習非常優秀的小衛自從一次住院做手術之後，從高三年級開始，成績便直線下降。所以考大學時以比較勉強的成績被所在學校錄取。面對出院後成績直線下降的情況，小衛也並未因此而失去信心。在認知方面明白因為長時間沒上學而導致學業成績落後的原因，而且認為住院前在身體不適的情況下學業成績還特別好，說明自己智力沒問題，對自己也充滿信

心。但是在以後的學習過程中，無論怎樣刻苦努力的學習，成績卻一直不見提高。直到現在已經失去了對學習的強烈動機，甚至對自己開始產生懷疑。

小衛從沒有不及格的現象發生。但自做過手術後，一直不能像以前一樣投入到高效集中的學習狀態，在五十分鐘的課堂上她也只能保持二十分鐘集中注意力的學習。有時甚至對學習充滿厭煩情緒，進而對自己產生較低評價，認為以前的手術使自己發生了改變，現在是怎麼學也學不好了，學習時也常會出現分心的現象。不想學習，常會出現正在學習的過程中就想回寢室休息的想法，而後就更待不下去了，覺得教室的桌子和椅子都不舒服，進而逃避與學習有關的場景。但是在較重要考試的備考階段，小衛還是能夠強迫自己繼續學習。目前小衛正面臨著英檢考試以及找工作與考取碩士研究生的選擇中，因為目前的學習狀態，致使其對自己能否通過英檢和研究生的考核產生懷疑，對自己失去自信。其本人處於想取得好的成績但又在想學與不願學的矛盾中迫切希望解決問題。

小故事大智慧

在上大學以前的高中、國中、國小學習過程中，每一個階段的學習目標都是既定的，學生只要按部就班完成學習任務就萬事大吉了，但是大學的學習階段就不同了，獨立性貫穿於整個大學學習的全過程，很多的大學生不知道上了大學之後的人生方向在哪裡，他們認為不管怎麼學都能畢業，於是就開始玩物喪志，不思進取了。一旦出現學習動力不足，又總是從客觀方面找原因，當發現客觀現實無法改變時，就會覺得很迷茫。

日本著名思想家池田大作說：「對於人類來說，沒有比為使命而活著更可貴的了，同時，也沒有比不知道為何生存更空虛的了。」在大學這個全新的環境面前，目標困擾著大學生們，大學一二年級是最茫然的。上大學目標實現了，那麼下一個目標是什麼？絕大多數同學回答不上來。「成長知識」太籠統，「成功就業」太遙遠，難以激發人的熱情和幹勁，表現為雖有學習願望但是缺乏學習動機。

學習動機是學生個體內部引起學習活動的動力機制，是學習活動得以完成的重要條件。一般而言，由於學習動機對學習行為積極性的直接制約，影響了學生對待學習的注意程度、情緒傾向和意志毅力，所以間接影響了學習效果。研究發現，中等強度的動機激發水準最有利於學習效果的提高，過高、過低都會降低學習效率。大學生都希望自己學有所成，但是他們的學習動機卻各有不同，而且程度也有所不同。而且，由於經過了考大學，多數學生有了休息一下的想法，學習缺乏動機的現象比較普遍。

解壓之道

學習動機對學習有著重要的促進作用。大學生要想提高自己的學業成績，很重要的一個方面就是要努力提高自己的學習動機的水準，即激發自己的學習動機。

那麼，當代的大學生應該怎樣有效的提高自己的學習動機水準？下列的幾點方法相信會對正在迷惘中的大學生達到引導和幫助的作用。

1 多角度看專業

喜歡與不喜歡是相對的、可變的，即便是當初自己的選擇，入學後也有人不滿意，這方面有大學統計系的調查結果是百分之三十八，其實一個人的興趣很多是起於一次偶然，接觸多了，鑽進去了，也就喜歡了。就算無論如何也不喜歡，也完全可以選修其他課程。現代社會是一個廣泛聯繫的社會，社會發展需要的是複合型人才，任何單一的專業都不能適應社會的需要。

心靈咖啡館

有四個小孩在山頂上玩樂，玩得最開心的時候，突然從山頂的遠處竄出了一個大熊。

第一個小孩，反應特別快，拔腿就跑，這個小孩是學短跑的，一口氣跑了一百多公尺，感覺身後沒動靜，回頭一看，其他三個小孩都沒動，就向三個小孩喊，「你們三個怎麼不跑呀，熊來了會吃人的。」（這個小孩是感性思維，遇到危機的時候，拿出自己的核心競爭力來應對危機）

第二個小孩，正在繫鞋帶，回應說，「廢話，誰不知道熊會吃人呀，別忘了熊最擅長長跑，你短跑跑得快有什麼用呀？我不用跑過熊，待會我跑過你就行了。」（這個小孩是競爭性思維，我只要超過比我弱的人就能生存），說完就問旁邊的小孩，「你愣著做什麼？」

第三個小孩說：「你們跑吧，跑得越遠越好，待會熊靠近我的時候，保持安全的距離，我帶著熊，到我爸的森林公園，白白給我爹帶回一份固定資產。」（這個小孩是危機中生存的思維，把危機看作一次機會），說完，就問第四個小孩，「你怎麼不跑呀，等死呀？」

第四個小孩說，「你們都瞎跑什麼呀，老師說了在沒搞清楚問題的時候不要亂作決策，不要亂判斷，要做好調查，熊是不輕易吃人的，你們看山那邊有一群山豬，熊是追著山豬去的，你們跑什麼呀？」（這個小孩是理性思維）

我們通常都會犯同一個錯誤——在同一面牆上撞來撞去，直到撞得頭破血流。從多個角度去觀照你所要解決的問題，你也許會找到你想要的答案。

2 學校不是決定個人成就的必然因素

「英雄莫問出處」，能夠進入一所國立大學當然好，如果不能，也沒有什麼，假以時日，自己功成名就了，讓學校以自己為榮耀不是更好嗎？

3 修訂學習計畫

學習目標定得太大等於沒有目標，把它分解為短期的小目標，更有利於實現大目標。

心靈咖啡館

一九八四年東京國際馬拉松邀請賽中，名不見經傳的山田本一獲得世界冠軍。有很多人為此質疑。兩年後的義大利國際馬拉松邀請賽中，他再次獲得冠軍。

馬拉松賽是體力和耐力的運動，只有體能好又有耐性的人才有望奪冠。

山田本一又是怎樣獲得成功的呢？在接受採訪中他這樣說：每次比賽前，我都要乘車把比賽的路線仔細看一遍，並把沿途比較醒目的標誌畫下來，比如第一個標誌是一棵大樹；第二個標誌是銀行；第三個標誌是一座紅房子……這樣一直畫到比賽的終點。比賽開始後，我就以百米的速度奮力衝向第一個目標，等到達到第一個目標後，又以同樣速度向第二個目標衝去。四十多公里的賽程，就被我分解成這麼幾個小目標輕鬆跑完了。

山田本一成功的奧祕就在於將最終目標分成幾個小目標，在每一個小目標中以最飽滿的熱情和動力來完成，從而達到最後的勝利。

生活中，我們之所以半途而廢，這其中的原因，往往不是難度較大，而是總覺得成功離我們較遠。

4　不要讓別人來決定自己

同班學習，人各有志，不能強求，別人有別人的人生，自己有自己的生活，如果希望自己成為一個有學識的、高素養的現代人，就去做，不要瞻前顧後，浪費時間。

心靈咖啡館

澳大利亞有位動物學家，從亞馬遜流域帶回兩隻猴子，一隻碩壯無比，一隻瘦小纖弱。他把牠們分別關在兩間籠子時，每日精心餵養，以觀察牠們的生活習性。一年後，大猴子莫名其妙的死掉了。為了不中斷研究，他又帶回了一隻比原來更大的猴子，可是不到半年又死了。

為了解開這個謎，一九七一年，他重返亞馬遜河，對那裡的猴群進行研究，結果發現：凡是體大健壯的猴子，人緣關係都比較好，其他猴子弄到食物時，牠們總能分享到一份。這類猴子一旦被抓住，卻很少活過一年。那些善於閉目養神的瘦小猴子，由於不入群很少分到同伴的食物，但被捉住後卻能長久的活下來。

亞馬遜的大猴子為何死了？是因為牠們缺少獨處的生活。長期的合作與依賴，使牠們失去了獨立生活的能力，一旦離開生活的群體也就嗚呼哀哉了。由此想到，合作是生活的需要，合作能使人過得更好，使事情做得更成功，但是合作的前提是獨立自主，沒有獨立自主的合作是一種依賴性的合作。

人類種種偉大的發明，幾乎都是始於獨立思考、善於鑽研。現在我們提倡的自主、合作、探究的學習方式，也是把自主擺在首要的位置。沒有自主的深入感悟，也就沒有合作時智慧的碰撞。學生的獨立學習能力才是打開知識大門的鑰匙。要深入讀書，自主感悟，獲得獨立的見解。一遇到問題就合作，只會人云亦云，沒有個性。

「提不起學習的興趣，只想玩」——解析學習倦怠

學習達到了一定程度後就很難再升。當學生的時間、精力、學力達到了一定程度以後，學生的成績就不可能再快速成長，如果達到了極致，還有可能出現負成長。這就是學習倦怠。對於學習倦怠，我們要增強自信，重新燃起學習的興趣，將

主動學習和自覺學習有效的結合起來。

典型範例

沈海　大四學生

沈海，上大學後覺得解脫了，從「地獄」走進了「天堂」，「終於可以休息了」，雖然自己也知道不應該有這種想法，但這種想法卻時時冒出來，提不起學習的興趣，只想玩，甚至連坐著發呆都願意，後來，覺得再也不能這樣下去了，就給自己制定了一個四年學習計畫，一邊學習知識，一邊鍛鍊能力，在參加了很多社團活動後，逐漸發現學業成績直線下降，很苦惱。

大學生活是寬鬆的，學業上「分不在高，及格就行」，無須再為學業成績而長時間奮鬥煎熬，高中時的疲倦和壓抑的感覺得到釋放，被認為是「休養生息」的好地方。在這種思想支配下，變得慵懶，無所追求，沒有目標，沉淪麻木。在經過了三四年大學生活後，陷入空虛的現狀，對已經過去的大學生活不滿意，對自己長時間的鬆懈後悔莫及，對自己的空虛狀態感到痛苦。

小故事大智慧

德國心理學家柯勒曾指出：大學的學習生活幾乎全憑學生自覺，管理相對寬鬆，與此同時學生的課餘時間就會大大增加，有很多的時間學生可以自由支配和利用。這些現象很容易使學生產生「大學學習太無聊」的錯覺，放棄了對自己的嚴格要求和主動努力。

事實上，在學習等各個方面產生倦怠心理的大學生還是比較多的，並不局限在新生範圍。受中小學時形成的依賴性學習心理的影響，很多的大學生靠老師指導學習的依賴性很強。他們缺乏及時轉變學習方式和思維方式，甚至沒有學習上的自覺性和主動性，因此影響了正常學習。

自覺性和主動性是掌握知識的前提，如果一個人的自覺性和主動性比較強，僅僅缺乏某一方面的知識，並不會最終影響他的成就；缺乏自覺性和主動性的學習能力，對一個人未來的影響將會大得多。然而，自覺性和主動性的學習能力是在掌握知識的過程中表現和發展起來的，現代社會裡如果沒有一定的知識，就不容易找到發揮自己能力的機會，所以大學生應該把側重學知識和提高自覺性和主動性的學習能力有機結合起來。

解壓之道

要克服學習倦怠就要注意身心健康。學習倦怠不僅降低了學習效率，而且還會影響情緒和心境，所以，對於學習倦怠要積極應對。

那麼，當代的大學生應該怎樣有效的提高自己的學習倦怠心理？下列的幾點方法相信會對正在迷惘中的大學生達到引導和幫助的作用。

1　發現新的興趣點，學會對自己的選擇負責

有些大學生並不喜歡自己所學的專業，或者當初是情非得已；或者當初設想得太美好，發現事與願違時產生了失落感甚至怨恨心理。興趣是可以慢慢培養的，不能操之過急，先調整一下自己目前的學習目標，多想想那些考不上大學的同學，減弱自己的失望感和憤懣情緒，再了解所學專業的學科發展的現狀和實際應用的情況，發現新的興趣點，學會對自己的選擇負責、為自己的時間負責，在這一過程裡成長、成熟。

心靈咖啡館

甲、乙、丙、丁是四個最幸運的年輕人，他們得到上帝的垂青，可以搭上「願望列車」，去選擇自己的將來。「願望列車」有四個停靠站，分別是金錢站、親情站、權力站、

健康站。甲、乙、丙、丁可以選擇在任何一個車站下車。他們選擇了哪個停靠站，經過努力後，在這方面的發展會特別的順利和成功，而其他方面則會相對的失敗一些。

於是，四個人帶著自己的追求做出了自己的選擇。甲在「金錢站」下了車，乙在「親情站」下了車，丙在「權力站」下了車，丁在「健康站」下了車。

三十年過去了，甲、乙、丙、丁四人不約而同的來找上帝傾訴。

甲說：「謝謝上帝，我現在非常有錢，富可敵國。可是年輕時為了賺錢，我透支了青春，現在身體總有這樣、那樣的毛病；常年經商在外，冷落了妻子，她離我而去，也疏忽了對兒子的管教，兒子好吃懶做，成了啃老族、扶不起的阿斗。我覺得很不幸，能否用我的錢把這些幸福買回來？」

乙說：「我很幸福，父母長壽，妻子賢慧，兒女孝順，有一個和諧美滿的家庭。可是我的煩惱也挺多，父母至今還沒有出國旅遊過，妻子還沒有享受過戴鑽戒的快樂，兒女公司不是很好，而且他們結婚、買房都貸款了很多錢。我能用親情換些金錢和權力嗎？讓家人更加的幸福。」

丙說：「我有許多權力，人家當面說的是讚美、討好的話；背後卻是惡語謾罵。看我的啤酒肚到處都有毛病，別人請吃飯，不去不行，因為他們說你有點權力就擺架子。堅持原則做事，親戚說你六親不認。朋友說你不講義氣，徇私舞弊，心裡不踏實，最後又會進監獄。我多想有健康和親情呀！」

丁說：「我身體健康，從沒有去過醫院，別人都非常的羨慕。可是我的妻子卻說我不求上進，不懂得拼命，沒有魄力，像一頭豬一樣活著，永遠也過不上開跑車，住別墅的日子。為此，我常常煩惱。我能不能用我的健康換些錢和權力來呢？」

上帝看了看四位，指了指天空自由飛翔的小鳥，又指了指籠中歡快跳躍的小鳥說：「人其實就像小鳥，天空小鳥的快樂，在於牠選擇了自由，牠選擇了與生活中的困難作鬥爭，在於牠自己對艱辛獨特的品味。籠中小鳥的快樂，在於牠的豐衣足食，牠輕鬆安逸的在籠子裡生活著，在於牠有牠自己的一種自由感悟。

既然做出了選擇，就要在選擇中品味和感悟。人生沒有後悔，有的只是需要你昂起頭來，積極的向前走。

2　化大為小，降低目標難度

士兵應該爭當將軍，否則不是好士兵；學生應當爭第一，否則不是好學生。但是，機會是有限的，只要盡力了就可以了，當上當不上將軍的士兵都是好士兵，不想當將軍而只想當個好士兵的士兵也是好士兵。大學生應該學會把大的學習目標分解為小的學習目標，降低實現目標的難度，增強緊迫感。

3 有勞有逸，注意休息

學習時間的間隔要依個人情況而定，不到休息時間盡量不休息。大腦工作的能量源是氧，當大腦長期缺氧時就會容易導致學習倦怠，所以一定要科學用腦、有勞有逸。另外，休息時可以建議選擇活動休息，如快步走、深呼吸、做體操、聽音樂、唱唱歌、說笑話等，促進大腦吸氧。檢討並調整自己的作息時間，不過度沉溺於遊樂。倦怠總是讓人沒有精神，想睡覺，其實身體並不疲勞，適當讓身體真正的累一些，反而讓人更有活力，思維也會更清晰。

心靈咖啡館

博士乘船過河，在船上與船夫閒談。

「你會文學嗎？」博士問船夫。

「不會。」船夫答道。

「那麼歷史呢？」博士又問。

「也不會。」船夫說。

「那麼地理、生物、數學呢？你總會其中的一樣吧。」

「不，我一樣也不會。」

博士於是感歎起來：「一無所知的人生啊，將是多麼可悲！」

正說著，忽然一陣大風吹來，河中心波濤滾滾，小船危在旦夕。

於是船夫問博士：「你會游泳嗎？」

博士怔住了：「我什麼都會，就是不會游泳。」

話還未說完，一個大波浪打來，船翻了，博士和船夫都落入了水中。船夫憑著自己熟練的游泳技術救起了奄奄一息的博士，這時他對博士說：「我什麼都不會，可是沒有我，你現在早已淹死了。」

今天，多元化的社會既需要有專門知識的人，也需要博學多識之人。當一個人作不了通才時，還不如像船夫那樣學一門實實在在的游泳技術。

4　提高交往能力

在實際的學習和生活中，無論有多麼強的能力、多麼好的條件，如果沒有良好的人際關係，既無法取得成功，也不會得到生活的幸福和身心的健康。因此，更需要注重交往的品質。人們學習知識進入社會，了解自我，獲得新生和愛情，都是在人際社交中發生的。

沒有人際社交，就無法生存。

心靈咖啡館

小猴子的生日到了，牠辦了一個生日派對，牠還邀請了小螞蟻、小綿羊、小狗和小驢子來參加。

每個好朋友都帶來了生日禮物，只有小驢子一直沒有出現，而且大家都不知道牠在哪裡。

等到生日派對完畢了之後，小猴子怎麼想都不放心，於是決定出門去找小驢子。可是小猴子四處打聽也不見小驢子的蹤影，當小猴子正擔心不已的時候，有一隻母雞跑來對小猴子說：「我上午看見小驢子在山坡上。」

小猴子說：「真的嗎？太好了，我這就去找，真是謝謝你了！」

走到山坡附近，小猴子聽到喊「救命」的聲音，牠跑到山崖邊一看，見到小驢子吊在懸崖邊，還好有頸部的鏈子勾住了一根小樹枝，但也是驚險萬分。

小猴子費了九牛二虎之力，才把小驢子拉了上來。小猴子問：「你怎麼會在這裡啊？」

小驢子說：「我……我……想要摘樹上的果子給你當生日禮物，沒想到我連一顆都還沒有摘到，就一不小心掉到山崖下了。」

小猴子聽了感動得熱淚盈眶，原來小驢子是為了摘果子送自己，才會差點送命的。

「你這個小傻瓜，下次不要再做這麼危險的事了，你只要來參加我的生日派對，我就很高興了，才不用送什麼禮物呢！」小猴子心疼的對小驢子說。

小驢子為了送給小猴子一份生日禮物，不怕危險到懸崖採摘果子，這是令人感動的，這就是用錢也買不到的友情和誠摯。人與人的感情交流只有肝膽相照，赤誠相見，才會心心相印。而離開了真誠，則無所謂友誼可言。

第五章　給愛留一個可以想像的空間

你盡可以懷有愛的美夢，但要懂得給愛留一個可以想像的空間。因為有愛，所以會有許多不切實際的幻想。而幻想一旦落空，就會有失望，也就存在心理偏差。如果你忽視心理偏差的影響，你的愛情說不定就會出現偏差，所以你切不可掉以輕心！

胖女孩的愛情也會超重嗎——解析自我形象敏感心理

每個人的外貌不可避免的都會受到其他人的評價，但無論別人的評價如何，都應該保持一種平和的心態。

典型範例

李楠 某公司職員

「我從小就是一個胖女孩，但是小的時候大家都說我很可愛，所以我一直沒有把體型問題當作一個困擾。

可是，去年我喜歡上了本公司的一位男同事，可惜他不喜歡我。後來我從另外一位同事口中得知，這位同事喜歡苗條的女孩……

「我聽了非常難受，於是我問了十幾個和自己要好的朋友，我問他們我是不是太胖了，得到的回答都是覺得我『稍微』胖了一點。

「於是我就下定決心節食減肥。」

「剛開始時，我強迫自己減少食量，每天的食量只相當於以前的三分之一。」

「經過一段時間，我的減肥產生了一些效果，不過身體狀況大不如以前，首先是工作的時候難以集中精神，尤其是接近中午的時候，總有一種眩暈的感覺；月經週期紊亂，臉色蒼白。」

「尤其是在減肥最艱苦的時候，我曾想過不要再折磨自己了，有內在美也是一樣吸引人，可是現在發現我一看見有肉類的菜就想吐。」

小故事大智慧

李楠這些症狀明顯是由於過度限制飲食而引起的。由於身體不能得到正常的能量供應，開始時僅僅是精力和體力的不足，發展下去就出現了內分泌的營養需求，導致紊亂和自律神經系統的失調了。

其實，體型、體態在基本上是天生的，個人無法選擇。即使很多女性在理智上知道內在美比外在美更重要，但她們仍然會因為自己的長相、體型不出眾而不滿、苦惱。而李楠的這種體驗就因為她的「情竇初開」而得到了強化。本來沒有注意自己的體型問題，現在卻變成了自己關注的焦點。像李楠的這種現象在世界許多國家的女性群體中都是普遍存在的，瑞士心理學家皮亞傑認為：對待這類女性主要是採用指導性的心理疏導方法，即一定要先澄清她對體型的錯誤認識，使她對人們的審美標準的認識有所提升。

因此，我們可以對李楠可愛的面容、禮貌的舉止表示讚賞，提高當事人的自信心；引導李楠要正確對待他人對自己的評價。另外，還可以給李楠講述一些有關減肥與身體健康方面的生理知識，給予一些具體的建議，例如建議李楠每天進行定時定量的體育運動，建立合理健康的飲食習慣。

解壓之道

女人的魅力不只是透過男人來界定的。自己要對自己有信心，相信自己的魅力。唯心一點說，你覺得你自己有魅力，男孩子也會覺得你有魅力，如果連你自己都不接受自己，那別人又怎麼可能接受你？面對自己的缺點，努力改進才是唯一的出路。下面是我們給年輕女孩子的一些建議：

1　正確認識自己的外貌和身體狀況

年輕女孩子都很關心自己的身體變化和容貌，擔心自己發育不正常，擔心自己長得不好看。這是人之常情，可以理解，正所謂「愛美之心，人皆有之」。但是對自己的身體狀況和外貌一定要有一個科學的態度，應該根據科學的標準客觀的評估自己的形象。千萬不要盲目的跟著潮流走，跟著自己的感覺走。現在傳媒的力量是越來越大了，年輕女性接收到的資訊也空前繁多，令人無所適從。對於一些社會上的審美標準，應該用一種辯證和批判的眼光去看待，這樣才不至於陷入盲目追求自我形象的境地。

心靈咖啡館

有一個非常漂亮的皇家花園，國王每天都要到這裡散步。有一天，當他照例到花園中賞花的時候，不禁大驚失色。往日百花爭豔的燦爛景色消失了，滿眼全是蕭條、枯萎與荒涼。在這充滿死亡氣息的地方，國王的眼睛忽然一亮，他看到最纖細最柔軟的心安草生機勃勃。

國王不禁問道：「小小的心安草，為什麼別的植物都枯萎了呢？」

心安草回答說：「親愛的國王，橡樹因為比不過松樹的高大挺拔而死，松樹因為比不過葡萄能結果子而死，葡萄因為不能像橡樹那樣直立並開出美麗的花朵而死，牽牛花因為比不過紫丁香的芬芳而奄奄一息，紫丁香因為比不過牽牛花的花朵更大而落淚。」

國王說：「既然是這樣，為什麼你還如此生機盎然呢？」

心安草答道：「因為我不想和其他的植物相比，我只是想做一棵貌不驚人的小草，所以我保持了盎然的生機。」

在自然界中，最普通最平凡的植物莫過於草了。它是那麼的普通，普通得隨處可見，它是那麼的平凡，平凡得貌不驚人。然而，就是在這普通和平凡之中，卻孕育了無窮的生機。

在人生的大花園裡，也許你是一顆不起眼的小草，你弱小、平凡，沒有像花那麼美麗，沒有大樹那麼偉岸，但你不要因此感到自卑，對人生充滿悲觀與失望。別人是別人，你是你自己，別人的高大，美麗是因為幸運也好，是因為努力也好，我們都不必羨慕，更不因該嫉妒，你自有你的長處和優點，做你真實的自己，比什麼都重要。

2　安心接受自我形象

也許你貌不出眾，也許你語不驚人；也許你沒有非凡的才華，也許你沒有輝煌的過去；也許你還有先天的缺陷，後天的不足，並為此而悲傷，甚至自卑、自棄。不，朋友，請不要這樣，請接受自己，珍惜自己。

有位哲人曾說過：「你要欣然接受自己的長相。如果你是駱駝，那麼就不要去唱鷹之歌，駱鈴聲同樣充滿魅力。」是啊，接受你的長相，其實你也有迷人之處。不切實際的幻想會影響你的心理健康。

心靈咖啡館

在遙遠的古代，某國的御膳房裡有兩瓶罐子，一只是陶的，另一只是鐵的。

驕傲的鐵罐看不起陶罐，常常奚落它：「你敢碰我嗎？陶罐子！」鐵罐子傲慢的問。

「不敢，鐵罐兄弟。」謙虛的陶罐回答說。

「我就知道你不敢，懦弱的東西。」鐵罐擺出一副輕蔑的神氣。

「我確實不敢碰你，但是不叫懦弱。」陶罐不亢不卑的說，「我們生來的任務是盛東西，並不是來相互碰撞的。在我們的本職任務方面，我不見得就比不上你，再說……」

「住嘴！」鐵罐憤怒的喝道：「你怎敢和我相提並論，你等著吧！要不了幾天，你就會摔成碎片，完蛋了！我卻永遠在這裡，什麼也不怕。」

「何必這樣呢？」陶罐說，「我們還是和睦相處比較好，吵什麼呢？」

「和你在一起我感到羞恥，你算什麼東西！」鐵罐說，「我們走著瞧吧，總有一天，你要變成碎片的！」陶罐不再理會它。

時光飛逝，世界上發生了許多事情。王朝覆滅了，宮殿倒塌了，兩瓶罐子被遺落在廢墟間，歷史在它們身上面積滿了渣滓和塵土。

一天，人們來到這裡，掘開厚厚的積土和廢墟，發現了那瓶陶罐。

「這裡頭有罐子！」一個人驚訝的說。

「真的，一瓶陶罐！」其他的人也跟著高興得叫起來。

大家把陶罐捧起，把它身上的泥土刷掉擦乾淨，和當年在御膳房的時候一樣樸素、美觀，烏黑發亮。

「一瓶多美的陶罐啊！」一個人說，「小心點，千萬別把它弄破了，這是古代的東西，很有價值的。」

「謝謝你們。」陶罐興奮的說，「我的兄弟鐵罐就在我身邊，請你們把它挖出來吧，它一定悶得夠受了。」

人們立即動手，翻來覆去，把泥土都掘遍了，但是一點鐵罐的身影也沒有。人們只發現幾塊鏽蝕不堪的鐵片，而且不能斷定那就是鐵罐的剩餘部分。它，不知道在什麼年代被氧化了。

在生活中，經常存在著互相比較、彼此妒忌的現象，這種現象是由於人們的心理在作怪而產生的。其實，每個人都有每個人的價值，適當的比較可以找到自身的不足，但什麼都要比較，人就失去了生活的樂趣。

3　正確看待他人的評價

每個人的外貌不可避免的都會受到其他人的評價，但無論別人的評價如何，都應該保持一種平和的心態。因為他人對自己的評價是他人的觀點，不可能很全面，更何況每個人的審美標準都是不一樣的。因此，他人的意見僅僅是一個參考而已，每個人應該根據自己的性格、氣質和現有的身體、經濟條件來形成符合自己的自我形象。只有這樣做，才不會為人言所左右，才能活得輕鬆。

心靈咖啡館

《鋼鐵是怎樣煉成的》一書的作者——蘇聯著名作家奧斯特洛夫斯基說過：「對我來說，活著的每一天都意味著要和巨大的痛苦作鬥爭，但你們能看到的，是我臉上的微笑。」

二十多歲的奧斯特洛夫斯基因病情惡化全身癱瘓，雙目失明，但他以驚人的毅力克服重重困難，在病榻上完成了長篇小說《鋼鐵是怎樣煉成的》，逝世時年僅三十二歲。他以短暫的一生成就了一部偉大的著作，用保爾·柯察金的英雄形象不斷勉勵後人。

後天的疾病使年輕的奧斯特洛夫斯基全身癱瘓、雙目失明，完全談不上有漂亮的體型和容貌，但他卻活得很漂亮，很精彩，得到了世人的尊敬和讚揚！

4 提升悅納自我形象不足的能力

很多女性常常因為自己的形象不佳而感到自卑，其實自卑並不可怕，關鍵在於如何認識它。因為一個人的外表除了容貌外，還包括體質、氣質、運動能力等方面，每個人在不同的方面都有優勢和不足，所以不必為自己有某些缺陷而過度苦惱，而要努力提升悅納自我形象不足的能力。

心靈咖啡館

哈蒂．麥克丹尼爾是奧斯卡歷史上第一位黑人獲獎演員，在此之前雖然黑人演員眾多，但甚至連被提名的都沒有。而其貌不揚的哈蒂能夠榮膺此榮，不可不說是她演技超群所致。

哈蒂早年就開始在舞臺上演出，同時還是一個聲樂隊的歌手，是第一個歌曲在電臺上播出的非洲裔美國女歌手。她後來轉入電影圈發展，起初並不順利，只能出演一些兩三句臺詞的傭人或者保姆角色。

當時的著名導演喬治．史蒂芬斯看出了她的表演潛力，並大力提攜她。於是她得以在明星凱薩琳．赫本主演的影片《愛麗絲．亞當斯》中飾演一位直言不諱的廚子，這個角色廣受歡迎，並讓她成為當時著名的黑人影星之一。在這以後，哈蒂的保姆或傭人形象不斷得到鞏固，終於在一九三九年，她在經典巨作《亂世佳人》中出演奶媽瑪格麗特，以其獨有的幽默感和完美無缺的演技在這部巨星雲集的影片中大放異彩，憑著和女主角費雯麗的默契配合，雙雙獲得了奧斯卡獎。

哈蒂在此後的一生中幾乎都是以同樣的黑人保姆角色出現的，但是她很注重幫助自己的種族提升形象，她曾經說過：「我寧願扮演一位女僕，也不願成為一位女僕。」

一九五二年，她因病去世。直到現在，她獨特的形象和藝術魅力仍然無人可以模仿，她將會永遠留在人們的心中。她曾表示希望死後能葬在好萊塢，但是因為當時仍甚囂塵上的種族主義歧視而被拒絕，最終，她被葬在洛城著名的玫瑰谷公墓。她是葬在這個公墓的第一位非洲裔美國人。在她死後的第四十七年，也就是一九九九年，好萊塢名人紀念堂裡為哈蒂豎起了一塊粉紅和灰色相間的花崗岩紀念碑，永遠的紀念這位樂觀、開朗、堅韌、勇敢的黑人女藝術家。

對於每個人來講，不完美是客觀存在的，怨天尤人無濟於事。在羨慕別人的同時，不妨想想，怎樣才能走出盲點，或用善良美化，或用知識充實，或用自己一技之長發展自己生命的可貴之處。而要做到這一切，在於看到自己的不足之處之後能坦然面對。

他還愛我嗎——解析因感情困擾而導致的心理失衡問題

愛情，我們每一個人都會經歷；失戀，我們每一個戀愛著的人都有可能遭遇。如果，你恰恰不幸成為了失戀陣營中的一員，那麼請在悲傷、憤懣之餘學會微笑，你完全有理由告訴自己：我的一切可以重新定義。

典型範例

李某 某大學學生

據某報報導，某大學的一名女大學生李某，失戀後竟私自辦了休學手續，而且還準備出家為尼。

警察由於女孩情緒較為激動，便約請了某社會科學院的一位心理教師來對她進行心理治療。看到女孩身上的衣服很髒，警察安排她洗澡，並給她準備了乾淨的衣服和飲食。當日下午兩點，其父親匆匆來到派出所。

當著警察的面，父親痛苦的訴說了家庭的不幸：女孩是他的獨生女，妻子已經去世，為了供女兒上大學，他辛辛苦苦的在外縣市打工。他只想女兒早日完成學業，有一個安心的工作職位，沒想到女兒不能經受一點點感情的挫折，失戀後竟私自辦理了休學手續，還要「出家」，與家裡也失去了聯繫……

為了調整好李某的心態，警察和心理老師不斷的對她進行疏導。當天晚上八點，在眾人的勸說下。女孩最終放棄了消極的念頭，表示願意重新返校。

小故事大智慧

這位女大學生問題屬於由感情問題導致的心理失調，心理失調會引起心理紊亂和智力活動低落，影響到學習和生活的各方各面。

這位女大學生的一切偏激行為均屬於戀愛的副產品。

美國教育心理學專家琳達·卡姆拉斯指出：戀愛的女性很少能與別人分享自己的觀念和情緒，總覺得與別人格格不入，只能談論與戀愛有關的事情。精神的貧困使得她們無視這個世界的富足，戀愛中的女孩總會造成人際關係的緊張和成績退步的緊張，這些緊張反過來會讓她感覺心理和生理上的不適應，但又不知道如何釋放，從而在這一緊張狀態達到頂點的時候而使個人行為走向極端。

解壓之道

現在，許多大學生在戀愛問題上感到有很多說不明白的感情困擾，其原因有三個：

第一，現實中的對象與理想的對象落差太大；

第二，由於年齡、品行、性格、文化、職業等關乎戀愛能否成功的因素是多方面因素的制約與影響；

第三，由大學生戀愛的心理特徵所引發並形成的戀愛低齡化、公開化、高速進展和戀愛的多元化所致。具體的說，因為他們年紀還小、涉世太淺，缺乏深入了解和正確判斷與評價一個人的經驗；因為他們過於情感外露、行為外向，盲目的一掃傳統的以含蓄、深沉為美的戀愛方式；因為他們年輕、衝動。

那麼，大學生應該怎樣正確面對和對待自己的感情困擾問題呢？

1　自我情緒管理

自我情緒管理，主要有三個步驟：

第一步是自我認定：戀愛與學業哪一個為先？

第二步是自我設計：未來與現在哪一個為重？

第三步是自我克制：向自己承諾婚戀應該放在畢業以後進行，主動參與文創活動，淡化自己的緊張感，積極投入到社交活動中，克服自己的寂寞感。只有把消耗在戀愛上的心理能量轉移到學業和其他有意義的活動當中去，紊亂的情緒才能得到平衡。

心靈咖啡館

病房裡同時住進來兩位病人，都是鼻子不舒服。在等待化驗結果期間，甲說：「如果是癌症，立即去旅行，並首先去拉薩。」乙也同樣如此表示。

結果出來了甲得的是鼻癌，乙長的是鼻息肉。

甲列了一張告別人生的計畫表離開了醫院，乙住了下來。甲的計畫是去一趟拉薩；讀完莎士比亞的所有作品；寫一本書……凡此種種，共二十七條。

他在這張生命的清單後面這麼寫道：「我的一生有很多夢想，有的實現了，有的由於種種原因沒能實現。現在上帝給我的時間不多了，為了沒有遺憾的離開這個世界，我打算用生命的最後幾年去實現還剩下的這二十七個夢想。」

當年，甲就辭掉了公司的職務，去了拉薩和敦煌。第二年，又以驚人的毅力和韌性透過了成人考大學。這期間，去過了許多地方，現在這位朋友正在努力實現出一本書的夙願。

有一天，乙在報上看到甲寫的一篇散文，打電話去問甲的病情。甲說，我真的無法想像，要不是這場病，我的生命會是多麼的糟糕。是它提醒了我，去做自己想做的事，去實現自己想去實現的夢想。現在我才體會到什麼是真正的生命和人生。你生活得也挺好吧？乙沒有回答，因為當時在醫院時說的去拉薩的事，早已因患的不是癌症而放到腦後去了。

一個人只有學會了有效轉化心理能量，才能從原有的精神狀態中擺脫出來，進而達到最大程度的心理平衡。

2 客觀看待自己的內心情感

當對某人產生強烈的感情時，請先冷靜一下：這首先是因為到了性意識萌動的年齡階段，而所「愛」上的人，可能只是某種虛幻的愛情偶像。更有一些單戀的大學生，越是沒有得到對方的愛，或者越是把愛深藏於心中，就越覺得這份愛情的珍貴，任性的在愛的煎熬中受盡折磨。其實，在這種情況下，愛情是不存在的，只是自己製造的一種假象。

心靈咖啡館

一個女兒對父親抱怨她的生活、抱怨事事都那麼艱難。她不知該如何應付生活，想要自暴自棄了。她已厭倦抗爭和奮鬥，好像一個問題剛解決，新的問題就又出現了。

她的父親是位廚師，他把她帶進廚房，先往三個鍋裡倒入一些水，然後把它們放在旺火上燒。不久鍋裡的水燒開了。他往第一個鍋裡放些胡蘿蔔，第二個鍋裡放顆雞蛋，最後一個鍋裡放入一些咖啡粉。然後一句話也沒有說。

女兒咂咂嘴不耐煩的等待著，納悶父親在做什麼。過了一段時間，父親把火關了，把胡蘿蔔撈出來放入一個碗內，把雞蛋撈出來放入另一個碗內，然後又把咖啡舀到一個杯子裡。做完這些後，他才轉過身問女兒：「親愛的，你看見什麼了？」「胡蘿蔔、雞蛋、咖啡。」她回答。

他讓她靠近些並讓她用手摸摸胡蘿蔔。她摸了摸，注意到他們變軟了。父親又讓女兒拿一顆雞蛋並打破它。將殼剝掉後，他看到了是煮熟的雞蛋。最後，他讓她喝了咖啡。品嘗到香濃的咖啡，女兒笑了。她怯生問父親：「這意味著什麼？」

他解釋說，這三樣東西面臨同樣的逆境——煮沸的開水，但其反應各不相同：胡蘿蔔入鍋之前是強壯的，結實的，毫不示弱，但進入開水之後，它變軟了，變弱了；雞蛋原來是易碎的，它薄薄的外殼保護著它的液體，但是經開水一煮，它變硬了；而咖啡粉則很獨特，進入沸水之後，它們改變了水。「哪個是你呢？」他問女兒，「當逆境找上門來時，你該如何反應？你是胡蘿蔔，是雞蛋，還是咖啡粉？」

你是看似強硬，但遭遇痛苦和逆境後畏縮了，變軟弱了，失去了力量的胡蘿蔔嗎？你是內心原本可塑的雞蛋嗎？你先是個性情不定的人，但經過死亡、分手、離婚或失業，是不是變得堅強了？你的外殼看似從前，但你是不是因有了堅強的性格和內心而變得強大了？或者你像是咖啡粉嗎？咖啡粉改變了給它帶來痛苦的開水，並在它達到高溫時讓它散發出最佳的香味。水最燙時，它的味道更好了。如果你像咖啡粉，你會在情況最糟糕時，變得更有魅力了，並使周圍的情況變好了。

很多事物的表面也許會欺騙我們的眼睛，只有隨著環境的變化，耐心觀察才能發現它的本質。

3 拓展人際關係網

可以將自己已經累積的相思之情疏導開來，轉化為更廣泛的愛，例如更加孝順父母、做志願工作者、與朋友加強聯繫等。總之，要努力拓展人際關係，這樣才能更好的完善我們的心靈。

心靈咖啡館

南方有個島嶼，島上的人喜歡吃蛇，並常把臘蛇作為饋贈親友。

有一次，這個島上的一個人到北方旅遊，他把臘蛇作為行程中的乾糧。到了齊國，那裡的人很熱情的招待了他。他覺得很過意不去，便用自己所帶的一條長臘蛇作為禮物來酬謝主人，沒想到主人嚇得直吐舌頭，轉身就跑。他丈二金剛摸不著頭緒，還以為自己所送的禮物不夠貴重，於是他轉過身去，叫自己的僕人挑了一條更大的臘蛇送給主人作禮物……

送人禮物也要講究心理，人際社交的黃金法則不是用你喜歡的方式對待別人，而是用對方喜歡的方式對待他。區分對象的不同特點，採取不同的策略，只有這樣才有可能取得想要的效果。

他為什麼要和我分手——解析失戀心理

在愛情路上並非總是一路順風，很多人都會經歷失戀。失戀不一定是不好的事，它可能幫你避免了未來更多的傷痛，也使你對自己有個更清楚的認識，對你的人生達到正面的作用。

典型範例

劉大慶　某高中老師

「我在教師進修學院進修時，認識了共同進修的一位女教師，自己感覺對她印象不錯，就主動接近她。我們經常在一起聊工作和人生，這種美好的日子一直持續到進修快結束。」

「那個女教師對我的第一印象也不錯，並表示願意和我繼續交往下去。」

「我當時高興得話都半天沒說出來，在隨後的日子裡，我便把我自己所有的情感傾注在對她的愛慕之中。」

「在與她的交往中，我的感情越陷越深，我幾乎不能一日不見、一時不想她。」

「可是，她自打答應與我交朋友後，又好像十分後悔，覺得自己欠考慮，特別是她父親非常反對我們之間的交往，並多次表示要結束我們的戀愛關係。」

「我無法接受她提出分手的要求。為此，我曾寫過血書，表示過要斷指、自殺……」

「由於我的情緒一直處在極度的波動中，並把主要精力放在處理我們的關係上，致使我的教學工作無法正常進行，多次被主管批評。」

小故事大智慧

從心理學的角度來看，心理學家把失戀分為兩個階段：第一階段是「抗議」，第二階段是「放棄或者絕望」。在抗議階段，被遺棄的一方為了讓對方回心轉意，會苦思冥想自己究竟做錯了什麼，怎樣才能重新使對方愛上自己。他們有時會出其不意的出現在戀人的家中或工作場所，然後咆哮而去；他們不停的打電話、傳訊息等，一再的拜訪兩人共同的朋友……隨著這些行為的越演越烈，被拋棄的一方對對方的愛情不僅不會減弱，反而不斷的加強。

上面提到的這種現象被稱為「挫折吸引力」，意思是當愛情受到阻礙時，被遺棄者對戀人反而愛得更深了。這樣奇怪的行為是有生理學基礎的。精神病學家認為，這與多巴胺有關。多巴胺是一種控制肌肉運動、並讓人產生滿足感的化學物質。在戀愛剛剛開始時，產生多巴胺的系統被啟動。在抗議階段，多巴胺的活動也增加，使得遭到拒絕的戀人感覺到更為強烈的熱情。美國實驗心理學家鮑爾指出：在人生的不同階段，對心理健康產生重要影響的人際關係的側重點也不一樣。對於年輕人而言，曾經產生過重要影響作用的父子關係、師生關係、同伴關係，正讓位於兩性之間的戀愛關係。戀愛關係對於剛剛進入職場的年輕人來說，事實上已經超過了這個關係本身，作為他們認定自我價值感的基礎。同時，對異性感情的渴望和追求，也強化了年輕人對戀愛關係的珍視。

由於戀愛關係對這些剛剛踏入社會的年輕人有如此重要之意義，那麼一旦失戀，尤其是「被拒絕」而失戀時，他們往往會產生強烈的挫折感。於是，失戀成為了最困擾他們的感情問題，如何正確面對和消除失戀所帶來的痛苦體驗，讓理智戰勝情感，這是年輕人戀愛心理成熟發展的一個重要方面。

解壓之道

戀愛是男女雙方為尋求和建立愛情而相互了解和選擇的過程。交往中，一旦雙方或者某一方出於這樣或者那樣的原因，不願意再保持彼此的戀愛關係，就將意味著雙方戀愛的終止。戀愛的一方失去另一方的愛情，就是常說的失戀。

那麼，當遭遇失戀時，如何避免自己出現痛苦情緒、絕望體驗和難堪等病態心理呢？如何消除失戀苦果的苦澀呢？

1　以積極的心態開創新生活

失戀固然是人生中的一大不幸，但它並非人生的全部，在人生的漫漫旅程中，還有更值得追求的生活和事業，堅決抑制和糾正消極心理的傾向所導致的極端行為。即使自己心靈的創傷再大，也應該理智的相互分手，而絕不做違背道德和觸犯法律的事情。同時，也絕不自暴自棄，為了眼前的痛苦而耽誤工作、斷送前程。

心靈咖啡館

有一朵看似弱不禁風的小花，生長在一棵高聳的大松樹下。小花非常慶幸有大松樹作為它的保護傘，為它遮風擋雨，每天可以高枕無憂。有一天，突然來了一群伐木工人，兩三下的功夫，就把大樹整個鋸了下來。

小花非常傷心、痛哭道：「天啊！我所有的保護都失去了，從此那些囂張的狂風會把我吹倒，滂沱的大雨會把我打倒！」遠處的另一棵樹安慰它說：「不要這麼想，剛好相反，少了大樹的阻擋，陽光會照耀你、甘霖會滋潤你；你弱小的身軀將長得更茁壯，你的花瓣將一一呈現在眾人的目光下。人們就會看到你，並且稱讚你說，這朵可愛的小花長得真美麗啊！」

任何一種選擇都將有新的機會誕生——一旦失去了一些以為可以長久依靠的東西，自然會難過，但其中卻隱藏著無限的祝福和機會。失去的時候，向前看，永遠向前看——過了黑夜就是黎明。

2 以客觀的態度看待彼此的差距

失去任何一方，愛情都會失去平衡，戀愛即告終止。這時，失戀的一方無論對另一方愛得多深，戀愛再也不能成立。作為一個理智的年輕人，應該勇敢的正視這個殘酷的現實，愛，既不是同情、憐憫，更不是強求。戀愛既然有成功，也就有失敗，那我們為什麼苛求成功而不正視失敗呢？失戀者要以客觀的態度全面的看待雙方之間的差距，敢於正視和接受中斷戀愛的事實。這是擺脫失戀痛苦的第一步。失戀之苦，在於一個「戀」字。愛情是雙向的、相互的，雙方都有選擇的權利。

3 學會換位思考

年輕人感情容易衝動，學會換位思考可以幫助自己控制情緒和恢復理智。如果雙方的隔閡實在令人難以忍受，無法修補，失戀就是難以避免的了。一定要設身處地為對方著想，這樣做的結果，將有助於失戀的一方理解對方終止戀愛關係的原因，有助於接受戀愛失敗這一現實。要從對方的角度看，也許可以發現是自己的一些缺點令對方難以接受，這時如果能及時的反省，努力改造自己，完善自己，透過努力，終會有一天能收穫美滿的愛情。

4　以適當的方式宣洩痛苦和煩悶

不要過度埋藏和壓抑失戀的痛苦。在接受終止戀愛事實的基礎上，以適當的方式來宣洩內心的痛苦和煩悶。例如：找親朋好友訴說內心的煩惱和不快；外出旅遊，向大自然尋找慰藉；還可以選擇積極參加藝文及體育活動、與朋友共度假日等方式來轉移自己的注意力；再者，可以把自己的精力投入到學習和工作中去，尋求事業上的精神寄託；必要時，應該求助於心理諮商機構的幫助和指導。

心靈咖啡館

萊娜是在一個保守的家庭中長大，自小父母就告訴她凡事要謹慎。長大以後的萊娜事事求穩，她甚至拒絕與外界有過多的接觸，她只求有一份安穩的工作，而不願去嘗試更多的機會。

在她四十歲的時候，萊娜突然意識到時光就這樣悄悄的從她身邊溜走了，而她竟然還不懂得如何享受。然後，幸運選中了她，從而改變了她的生活。

在一次慈善活動中，萊娜購買的彩券為她贏得了兩張到夏威夷免費旅行的機票。出門旅行是萊娜以前沒有想過的，她正考慮是否要將這兩張機票扔掉。她與遠在田納西州的堂兄通電話時，這位堂兄叫道：「哦，真好，我願意與你一起前往。」此時的萊娜仍然在猶豫，她與這位堂兄畢竟有好幾年沒有見面了，但她不知哪來的勇氣使她回覆道：「那我們還等什麼呢？」旅行中所有的事都是那樣精彩，在自信的堂兄的陪同下，萊娜的信心也在與日俱增。而且，她發現自己的內心正發生著一種深刻的、非比尋常的變化，她第一次發現自己毫不猶豫的就接受了這樣的社交形式。在回程的途中，他們決定來年的春天到墨西哥去旅行。在春天到來前，萊娜參加了健康俱樂部，她學習跳舞、游泳，她有了一個光輝的前程。萊娜消除了她感知域中存在已久的懷疑和困惑，她的態度有了很大的改觀。有了全新的心境，萊娜的第二次旅行就更加有趣。

萊娜的經歷告訴我們，走出既定的生活、既定的圈子，你會有不一樣的收穫。

5 盡快擺脫孤獨

應想辦法盡快走出失戀的陰影。暫時離開觸動戀愛回憶的情景，把自己完全置身於歡樂、舒暢的情境中，對於擺脫失戀的痛苦是很有好處的。

心靈咖啡館

一個剛從學校畢業的青年隻身來到大都市，準備大展宏圖，為這都市帶來一點光彩。這位青年長得英俊瀟灑，受過良好的教育，也頗有閱歷，自己也很為自身的條件感到驕傲。安頓妥當之後的第一天，他在白天參加了一個銷售會議，到了夜晚，他忽然感到孤單起來。他不喜歡獨自一人吃飯，不想一個人去看電影，也不認為應該去打擾一些在都市裡的已婚朋友。或許，我們還可以再多添一個理由——他也不想讓女人纏上自己。當然，他是希望能碰到一個好女孩的，但那絕不是從酒吧或什麼單身俱樂部一類的場所去隨便挑一個來。結果，他只好在那個準備大展宏圖的都市裡，獨自度過了那個寂寞淒涼的夜晚。

當孤獨的人把自己完全封閉起來後，他們就根本沒有了與他人進行融洽交流的途徑。孤獨的人心中會有著這種希望：「我真希望能成為一個受人歡迎，為人所樂於親近的人。」只是因為他們自己生性孤僻，缺乏吸引朋友的磁力，所以沒有多少人願意和這樣的人交友往來，使這些人失去了生活上的很多樂趣，這樣，他們的希望也最終無從實現。

6 「悲憤為力量」

要知道愛情固然重要，但不是生活的全部。面對無法挽回的愛情，學習和工作才是第一重要的，要時刻提醒自己不斷的進步，把精力引向學習和自身的發展中，為以後贏得新的、更為美好的愛情打下基礎。

心靈咖啡館

安吉爾是世界上唯一用假腿來完成這一高難度雜技動作的人——她以優美動人的姿勢完成了艱難、驚險的走鋼絲表演而博得了人們的喝彩。但是，人們絕不會想到，她是個因患癌症、動過四次手術，並已截去了右腿的人。

那是一九八七年八月，安吉爾生病，在右踝檢查中，發現了一種少見的癌細胞，她只得接受了手術，右腿膝蓋以下均被截去。在這突如其來的厄運面前，她沒有失望退縮，在手術四個月後，她又用義肢成功的進行了走鋼絲的試驗。

這以後，不幸又接踵而至，幾個月中，她被診斷患有肺癌，先後將左、右肺各切除了一半。第二年，不屈服於命運之神的安吉爾又和丈夫一起練起了走鋼絲。經過幾百小時的苦練，她又能單獨進行走鋼絲的表演了。

在恢復走鋼絲七個月後，她又被診斷為癌症擴散，已無法醫治。醫生估計安吉爾肯定受不住這沉重的打擊，可安吉爾卻心靜如水：「沒關係，我不想再請醫生為我做什麼了，讓我回家去吧。只要我還活著，總能做些有益的事。」只要我活著，即使大部分器官被切除了，我還要讓生命發出一點光。」

此後，她仍帶著病殘之軀，頑強的搏擊於雜技舞臺。而她丈夫的一席話真是催人淚下：「也許不久她將真的告別人世，她已讓我們做好了準備，但我想她是永生的。她給予、再給予，拚搏、拚搏，再拚搏，這就是她的性格，她的美德。」安吉爾則說：「我能留給孩子什麼呢？最重要的是我一定要他記住，要經常想到自己已有的東西，而別老是想自己沒有的東西。一個人如果能充分的運用他所擁有的，那他一定能活得很好……」

珍惜自己眼前的和所擁有的。而許多人對自己身邊的東西不重視，等到失去以後才懂得那些曾經擁有過的東西的重要性，才認識到眼前的才是最真實的財富。

第六章　用一顆樂觀向上的心與人交往

你對別人的態度如何，也決定著別人對你的態度如何。正所謂種什麼種子就收穫什麼果實，在與人交往的過程中，只要我們能用一顆樂觀向上的心與人溝通，你所收穫的將是雙倍的快樂。

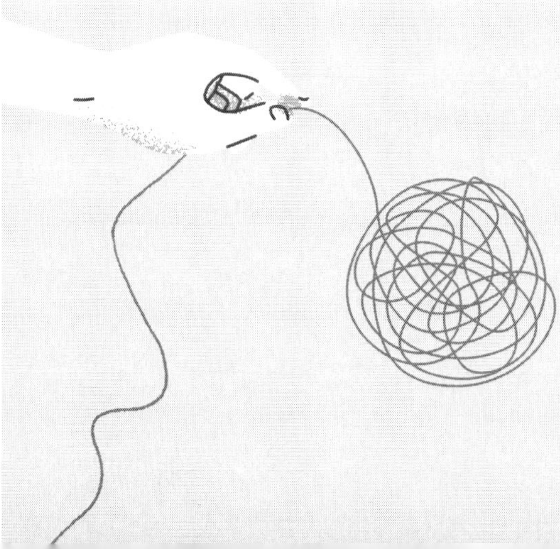

用一顆樂觀向上的心與人交往——解析社交恐懼症

典型範例

張穎　大一學生

張穎是一名大一學生，花一樣的年紀，卻被恐懼的陰雲所覆蓋。她的家離學校很遠，上學要騎一個多小時的自行車。但她上學騎車卻踩得飛快，像是要逃避所有的人。上課時，她愛用雙手遮住臉，生怕別人看見自己後自己會感到不自然。放學後她總要拖到天色很黑才敢回家。她不敢獨自上街買東西，不敢理髮，更不敢穿漂亮的衣服……

張穎生活在一個單親的家庭裡，在她很小的時候父母就離婚了，小張穎與父親相依為命。父母的離異給小張穎幼小心靈蒙上了一層揮之不去的陰影。在孩子們的世界裡，一向是對這類事敏感好奇，他們用異樣的眼光看待張穎，還在遠處指指點點，好像張穎是個什麼怪物。張穎從此變得憂鬱寡歡，不愛說話，也不愛笑。

上大學後，又一件事情深深的刺痛了她的心。因為學校離家遠，交通又不方便，所以她不得不騎自行車上學。因為張穎從小就穿得很寒酸，加上騎的是一輛除了鈴不響，剩下哪都響的破自行車，所以更加害怕被別人瞧不起，尤其是異性。但是有一天，爸爸給她買了一輛新車。在上學的路上，張穎騎著新車，心情無比激動與高興。然而，由於壓抑的慣性，她覺得自己很不自然，馬上暗自告誡自己不要太高興了，這只不過是一輛新自行車。但是，她越控制自己不笑，要「顯得正常些」，她就越顯得不自然。從此，張穎一上街就會神色緊張，總認為別人在盯著她，但又怕去看別人的目光，全部思想意識都集中在自己身上，就好像自己是在赤裸裸上街，恨不得找個地洞鑽進去。過後總是想下次上街該怎麼辦，但是越是這樣想他越是慌張……從此她在許多方面都不正常起來。張穎覺得自己是罹患上了嚴重的心理疾病，而且已經影響到了她正常的生活和學習，於是在父親的陪同下，她來到了心理門診。

小故事大智慧

心理專家分析認為：像她這種常見的心理障礙——社交恐懼症，是由心理原因導致的。張穎的社交恐懼症形成的因素大致有以下兩點：

(1)內向、孤僻、膽小的性格特徵是影響她人際社交的內在因素；

(2)父母對她社交的強制教育和不合理的約束對她的人際社交有著阻礙作用。

社交恐懼症之所以是後天形成的，也就在於社交能力不是與生俱來的。一方面固然需要透過人際社交掌握社交技巧，以擴大社交面；一方面要具備健全的人格發展，才可能進行人際社交。因此，社交恐懼實際上是人格發展過程中，尤其是青少年難以避免的。不過，還是個人人格發展的不健全才導致了習慣性的社交恐懼，從而形成社交恐懼症，影響著正常的學習與生活。所以增強自信、參加團體活動是戰勝社交恐懼的關鍵。

解壓之道

社交恐懼症已成為心理疾病。美國著名精神病學教授大衛．西漢先生說，心理、生理兩方面的因素會共同導致社交恐懼症，它的發病是因為人體內一種叫「5－羥色胺」的化學物質失調所致。這種物質負責向大腦神經細胞傳遞資訊。這種物質過多或過少都可引起人們的恐懼情緒。目前，社交恐懼症的治療方法主要有以下幾種：

（1）藥物療法：這是目前被認為是最有效的治療方法。主要是針對發病緣由是體內某種化學物質失調的患者，藉以運用某類藥物調節平衡。

（2）催眠療法：心理醫生將你催眠，挖掘你心靈或記憶深處的東西，看你是否經歷過某種窘迫的事件，試圖尋找到你發病的根源。這種療法時間長，花費也比較大。

（3）強迫療法：心理醫生讓你站在車水馬龍的大街上，或者讓你站在自己很懼怕的異性面前，利用巨大的心理刺激對你進行強迫治療。

（4）情景治療：讓你在一個假想的空間裡，不斷的模擬發生社交恐懼症的場景，不斷練習重複發生症狀的情節，心理醫生會不斷的鼓勵你面對這種場面，讓你從假想中適應這種產生焦慮緊張的環境。

（5）認知療法：這是一種不斷灌輸觀念的治療方法。心理醫生不斷的告訴你，這種恐懼是非正常的，讓你正確認識人與人交往的程序，教你一些與人交往的方法。

社交恐懼症是後天形成的條件反應，是經過學習過程而建立起來的。社交恐懼症之所以是後天形成的，也就在於社交能力不是與生俱來的。一方面固然需要透過人際社交掌握社交技巧，以擴大社交面，一方面要具備健全的人格發展，才可能進行人際社交。因此，社交恐懼實際上是人格發展過程中，尤其是青少年難以避免的。很多人在交往過程中屢遭挫折、失敗，就會形成一種心理上的打擊或「威脅」，在情緒上產生種種不愉快的甚至痛苦的體驗，久而久之，就會不自覺的形成一種緊張、不安、焦慮、憂慮、恐懼等情緒狀態。這種狀態會定型下來，形成固定的心理結構，於是他在以後遇到新的類似刺熱情景時，就會舊病發作，產生恐懼感。社交恐懼症既然是後天形成的，那麼就可以採取相對的措施加以克服和避免。

1　消除自卑，建立自信

心理專家從研究中發現，許多患有社交恐懼症的人，他們在社會交往中的實際表現，要比他們自認為的要好。所以社交恐懼症患者往往是嚴重的自卑者。對於社交恐懼症患者來說，一定要樹立自信，樹立正確的自我認識，既接納自己，也接納他人。對自我形成客觀評價，在交往中積極的鼓勵和暗示自己。只有這樣才能在交往中自然大方，揮灑自如。

心靈咖啡館

「你為什麼總趴在窩裡不出來呢？」快樂的小白兔站在刺蝟的洞口呼喚牠矜持的鄰居。

「因為我害怕看到別人！」裡面傳來小刺蝟細微的聲音。

「那有什麼好怕的，牠們都很友好，而且都希望和你成為朋友！」小白兔勸慰說。

「我知道，但是我長得很難看……而且長滿了刺……你們會不喜歡我的！」刺蝟十分擔心的說。

「那不正好嗎？你的刺可以保護我們，再說朋友之間還是需要有點距離的，這是你的優點啊！」小白兔高興的說道。

「我沒有你那麼能說會道，我能和別人聊點什麼呢？」刺蝟探出頭，羞得滿臉通紅。

「你的口才也很好啊，看你為自己找起藉口來多能說！」小白兔開玩笑的說。「隨便說什麼都行，我們俱樂部的朋友都是隨便聊的，在那裡你還可以享受蜂蜜，說不定人家還會推選你去保衛部任職呢！」聽到小白兔這樣說，小刺蝟終於勇敢的走出了那一步。

在造物主眼中，每一個人生來都是一個奇蹟。要想讓這個奇蹟得到別人的認可，就要喜歡自己，熱愛自己，相信自己，勇於嘗試，敢於挑戰自己，超越自己。

2 改善自己的性格

害怕社交的人多半比較內向，應注意鍛鍊自己的性格。多參加體育、文藝等團體活動，嘗試主動與同伴和陌生人交往，在交際的實際過程中，逐漸去掉羞怯、恐懼感，使自己成為開朗、樂觀、豁達的人。

3 學會與人友好相處

你目前受孤立的原因，一是因為你在言行方面得罪了一些無聊之人；同時也不排除因你從內心排斥身邊的人，從而使別人也遠離了你。所以學會與人為善、平等尊重、友好相處是改善你受孤立的好辦法。

心靈咖啡館

井上是一位優秀的汽車推銷員，他機智勤快，為人誠懇，由於他的努力工作，生意十分興隆。但是，有一次井上在開車拜訪客戶的路上，與一輛急馳而來的汽車相撞了，他失去了右眼，迫不得已只好退出了汽車銷售這一行。然而，井上並沒有向命運低頭，他仍在尋找抗衡困難的機會。

有一天，他從雜誌中看到當時很多人喜歡修復老舊的房屋，於是靈機一動，想到了一個主意。他以前在職業學校求學時，家具製造和木工這兩科的成績都很優秀，他認為如果將自己的木工技能應用到修繕房屋上，一定可以賺到他生活所需的錢。

在發展工作之前，他到職業學校開了介紹信，又請以前的顧客為他寫了推薦書，證明他為人可靠而且工作認真。由於昔日大家對井上都有很好的印象，所以大家都十分願意為他做這些事。井上還印製了新的商業名片，分發給木材經銷商和木匠，並在當地的舊城區宣傳，讓大家都知道他是專門替人修補房宅的。現在，井上的公司已經有了一定的聲譽了，生意興隆。

社交恐懼症的產生往往與生活中遭受挫折的經歷有關。其實挫折是一筆寶貴的財富。成長的過程好比在沙灘上行走，一排排歪歪曲曲的腳印，記錄著我們成長的足跡，只有經受了挫折，我們的雙腿才會更加有力，人生的足跡才能更加堅實。

4　多與身邊的人溝通

不與人交往比被人嘲笑要可怕得多，逃避交往就是逃避現實，就是讓自己從生活中出局。所以要多與身邊的人交流和溝通，從而增進了解，加深情誼。生活中很多事例告訴我們，人與人之間的誤會常常是因為語言溝通不夠、感情交流太少引起的，所以在與人交往中，要設身處地體驗、理解對方的感情，善於諒解和同情別人，這是增進相互理解、縮短人際距離的一種有效方法。

5 以寬容的心對待身邊的人和事

對於周圍出現的令人厭煩的人或事，要學會克制自己，毫不掩飾的表現自己的反感情緒對人對己都無益處。對於一些無關緊要的事，不妨粗心放過。這樣做，其一節省了精力，可以去想有價值的事；其二精神上放鬆，不為這些小事不愉快；其三在別人眼中，你會是個胸懷寬廣的人，大家也願意與你相處。

心靈咖啡館

蘇格拉底：孩子，為什麼悲傷？

失戀者：我失戀了。

蘇格拉底：哦，這很正常。如果失戀了沒有悲傷，戀愛大概也就沒有味道。可是，年輕人，我怎麼發現你對失戀的投入甚至比戀愛還要傾心呢？

失戀者：到手的葡萄給丟了，這份遺憾，這份失落，您非當事人，怎知其中的酸楚啊！

蘇格拉底：丟了就丟了，何不繼續向前走去，鮮美的葡萄還有很多。

失戀者：踩上她一腳如何？我得不到的別人也別想得到。

蘇格拉底：可這只能使你離她更遠，而你本來是想與她更接近的。

失戀者：您說我該怎麼辦？我可真的很愛她。

蘇格拉底：真的很愛，那你當然希望你所愛的人幸福？

失戀者：那是自然。

蘇格拉底：如果她認為離開你是一種幸福呢？

失戀者：不會的！她曾經跟我說，只有跟我在一起的時候她才感到幸福！

蘇格拉底：那是曾經，是過去，可是她現在並不這麼認為。

失戀者：這就是說她一直在騙我！

蘇格拉底：不，她一直對你很忠誠。當她愛你的時候，她和你在一起，現在她不愛你，她就離去了，世界上再沒有比這更大的忠誠。如果她不再愛你，卻還裝得對你很有情誼，甚至跟你結婚、生子，那才是真正的欺騙呢。

失戀者：可是我為她所投入的感情不是白白浪費了嗎，誰來補償我？

蘇格拉底：不，你的感情從來沒有浪費，因為在你付出感情的同時，她也對你付出了感情，在你給她快樂的時候，她也給了你快樂。

失戀者：可是這多不公平啊！

蘇格拉底：的確不公平，我是說你對所愛的那個人不公平。本來，愛她是你的權利，但愛不愛你則是她的權利，而你卻想在自己行使權利的時候剝奪別人行使權利的自由。這是何等的不公平！

失戀者：可是您看得明白，現在痛苦的是我而不是她，是我在為她痛苦！

蘇格拉底：為她而痛苦？她的日子可能過得很好，不如說你為自己而痛苦吧。

失戀者：依您的說法，這一切倒成了我的錯？

蘇格拉底：是的，從一開始你就犯了錯。如果你能給她帶來幸福，她是不會從你的生活中離開的，要知道，沒有人會逃避幸福。不過時間會撫平你心靈的創傷。

失戀者：但願有這一天，可是我的第一步該從哪裡做起呢？

蘇格拉底：去感謝那個拋棄你的人，為她祝福。

失戀者：為什麼？

蘇格拉底：因為她給了你尋找幸福的新的機會。

失戀者：哦，我懂了，謝謝您！

可見，學會寬容會給你帶來幸福。不會寬容別人的人，常常使自己與他人處在敵對的狀態，如果自己內心的矛盾和情緒危機不能很快化解，將影響到你的健康指數。

我不想參加任何活動，我不想出去「丟人」——解析人際孤獨心理

典型範例

呂亮　某研究所研究員

「我是個很內向的人，家在農村，從小因為學業成績好，所以父母就一心一意供養我讀書。我也很努力，整天就顧著學習，也不跟其他的同學出去玩。

「我們村裡人都說我很乖，不貪玩，學習勤奮。我後來不負眾望，考上了國立大學，畢業後到了離家很遠的這座大都市。

「本來以為，畢業後就可以讓所學的知識大派用場了。但是，對於都市生活我仍感到很陌生，開始的時候還小心的向同事提問，雖然他們都會解釋給我聽，但是同事詫異的反應，比如『你連這個也沒聽說過嗎？』等之類的話語讓我的心裡很不舒服。後來，我就不敢

再問了，與同事們的距離也越來越遠了，有時候同事們開 Party，我也推託不去，因為我不想再『出去丟人』了。

「在那以後慢慢的，我的活動範圍越來越小，從不走出研究所半步，我開始自我封閉起來。同時，我感到我心中的孤獨感也變得越來越沉重起來。我既不敢跟家裡人訴說自己的孤獨，也不知道如何擺脫自己的這種狀況。「我現在總覺得跟集體宿舍及其他組的研究人員無法交流。就連平時吃飯、調研都是自己一個人，看著別人三五成群的很是羨慕，而自己的心事越來越重、壓力越來越大，總是感到很孤獨，後來發展到不想去做彙報和總結，不想見人，每天就在宿舍裡面看書、滑手機、睡覺，餓了就自己到餐廳隨便吃點東西，最後竟然想離開這個讓人羨慕的公司，甚至想離開這個都市，回到我的老家，但是又感覺無法面對自己的父母。」

小故事大智慧

心理學上也把孤獨定義為個體對自己社會交往數量的多少和品質好壞的感受。也就是說，孤獨是一種個體感受。這就可以幫我們理解，為什麼有些人有很多的朋友和交往對象，可是仍然覺得沒有人能夠理解自己，時常陷入一種與世隔絕、孤單寂寞的情緒中。而有些人雖然不喜交往，喜歡遠離人群，交往活動不多，可是他自己卻滿足於這樣的交往情況，自得其樂，並不會顧影自憐。

有些剛進入職場的年輕人感到他們沒有什麼朋友，也不知道該怎麼去與人進行深入的交往，他們很羨慕那些能在一起學習、玩樂的同事，可是不知道為什麼自己就是不能夠擁有這樣的快樂。有些人在大家的眼裡也是很不錯的人，也有人願意跟他交往，而他在日常生活中也有不少的朋友，可是他們總是說感到沒有人能夠理解自己，總是產生一種孤獨的恐懼。很多人總感受到，不知道為什麼在大學讀書的時候還有很多的好朋友，可是就業以後，卻找不到這樣的朋友了，好像大家都各忙各的，自己也不知道該怎麼去建立新的友誼。好像走進社會以後，活潑開朗的自己就陷入一種孤獨寂寞的境況中了。通常有這樣問題的年輕人以剛剛進入職場的人居多。

呂亮的情況屬於很典型的人際孤獨。他本身的性格就比較內向，而長期只關注學習，忽略了跟同伴的交往更是加重了他的內向，也使他沒有機會學習到交往技能和體驗到成功的人際社交。所以在大學畢業以後，他不知道該如何在一個新的環境發展自己的人際圈子，不知道如何跟圈子裡的人打交道，在受了一點「懷疑」以後就不敢再與人交往。呂亮的自卑也是使他產生退縮、越來越孤獨的原因之一。

美國心理學家班杜拉指出：孤獨感是因離群所產生的一種無依無靠、孤單煩悶的不愉快的情緒體驗。它是人存在的感受標誌。只要有自我意識，就會有孤獨感的體驗。只有當一個人的孤獨感特別嚴重，並且長期存在，同時影響了正常的人際社交、學習和工作時，才是屬於病態的心理，才需要尋找心理諮商的幫助。

解壓之道

對於自己的孤獨感憂心忡忡的剛剛畢業的大學生們，應該怎樣合理的對自己的孤獨感進行調試和處理呢？一般可以採用以下的處理方法：

1 實施自信訓練法

可以進行自信訓練，以增強自信心。

在本案中，針對當事人不敢詢問同事自己不懂的事情，怕被別人笑話自己土和沒見識的情況，讓當事人意識到這只是因為環境不同而造成的，並不是他本身的問題，透過詢問別人，可以更快的融入新的環境，適應新的環境；教會當事人一些問話的技巧，比如說「你能不能告訴我電腦的這個操作方式是怎麼一回事？我以前沒有見過」。當在別人幫助下學會後，可以跟別人說：「謝謝你啊！我也學會了，真好。來了公司以後學到了很多新東西。」

心靈咖啡館

有位孤獨的老人無兒無女，又體弱多病。他決定搬到養老院去，於是宣布出售他漂亮的住宅。購買者聞訊蜂擁而至。住宅底價八萬英鎊，但人們很快就將它炒到了十萬英鎊。價錢還在不斷攀升。老人深陷在沙發裡，滿目憂鬱，是的，要不是健康情況不行，他是不會賣掉這棟陪他度過大半生的住宅的。

一個衣著樸素的青年來到老人眼前，彎下腰，低聲說：「先生，我也好想買這棟住宅，可是我只有一萬英鎊。可是，如果您把住宅賣給我，我保證會讓您依舊生活在這裡，和我一起喝茶、讀報、散步，天天都快快樂樂的——相信我，我會用整顆心來照顧您！」

老人頷首微笑，把住宅以一萬英鎊的價錢賣給了他。

完成自己想做的事，不一定非得要冷酷的廝殺和欺詐，有時，只要你擁有一顆愛人之心就可以了。

2　正確看待人際孤獨

人際孤獨並不是絕症，因此不必那麼灰心。適當的孤獨並不會對人的心理造成危害，而真正危害心理健康的是對孤獨的恐懼。

這個故事發生在洛杉磯市的蒙特利公園橄欖球隊員身上。當時有幾位隊員出現了食物中毒的現象，經推斷可能是汽水有問題。因為這些人都是在喝了汽水之後才發現有異樣的。隨後，喇叭便開始廣播，警告人們注意別去買販賣機裡的飲料，因為有人病了，同時還描述發病的症狀。立刻，整個觀眾席便發生恐慌，有人開始反胃、有人昏厥，甚至於有的只是經過販賣機而什麼都沒有買的人，都覺得不對勁了。那天救護車飛馳於球場和醫之間。忙著載運「病人」。後來經過證實，販賣機和汽水都沒有問題。奇怪的是，這一消息一公布，先前的「病人」都不藥而癒了。

信念可以使人在前一刻得病，而後一刻又不藥而癒。更有資料顯示，信念還會影響我們的免疫系統。尤其重要的是，信念不僅能促使我們採取行動，相反的也會削弱我們行動的念頭。如果你希望自己主宰自己的人生，那就必須好好掌握自己的信念。

3　分析癥結，找出病因

當事人要根據自己的實際情況與心理專家共同分析造成孤獨的原因，從而找到解決的切入點。自我暴露是消除孤獨的常用辦法。透過自我暴露，當事人不但能夠讓心理專家了解自己的心理成長過程，從中找到產生這種人際孤獨的原因，以便更好的幫助當事人。同時，透過心理專家有技巧的引導當事人的自我暴露，當事人能夠嘗試在心理專家面前打開自己自我封閉的心理，一旦當事人把他的心聲吐露給他人，其孤獨感就會在這種自我暴露中得到減輕。

心靈咖啡館

在愛因斯坦小時候，有一次手工課上，他決定製作一隻小木凳。下課鈴響了，同學們都爭先恐後的向那位漂亮而又嚴厲的女教師交上自己的手工作品。只有愛因斯坦交不出來，他急得滿頭大汗。女教師寬厚的望著這個數學、幾何方面都非常出色的男孩，相信他會交上一件好作品。第二天，愛因斯坦交給老師的是一隻製作得很粗陋的木板小凳，一條凳腿還釘偏了。

「就這個呀！」滿懷期望的女教師十分不滿意的對全班同學說，「你們誰見過這麼糟糕的凳子？」同學竊笑著紛紛搖頭。老師又看了愛因斯坦一眼，生氣的挖苦道：「我想，世界上不會有比這更壞的凳子了。」教室裡一陣哄笑。愛因斯坦臉紅紅的，但他堅定的走到老師面前，肯定的對老師說：「有，老師，有的，還有比這更壞的凳子。」教室裡一下子靜起來，大家都迷惑不解的望著愛因斯坦，他走回自己的座位，從書桌下拿出兩隻更為粗陋的木板小凳，說：「這是我第一次和第二次製作的，剛才交給老師的是第三隻木板小凳。雖然它並不使人滿意，可是比起前兩隻總要強一些。」

這回大家都不笑了，女教師向愛因斯坦親切的點著頭，同學們向他投來讚許的目光。

人生路上，我們難免會犯錯，也難免受到挫折，但只要敢於把自己的努力或缺陷表現出來，就能及時得到旁人的關注和幫助，也能讓自己在今後發展的道路上健康成長。

他們總是合夥整我——解析人際關係敏感心理

許多大學生常常會覺得周圍的人都不喜歡自己，或者是故意的針對自己，可是當問及具體情況時，你就會發現，其實很多都是由於當事人多慮造成的。

典型範例

孫麗　大三學生

孫麗是大三學生，父母都是工人。孫麗性格內向，從小就不願多和人說話，挺要強，也有些敏感。她心理若有點什麼事，父母追問好久，她才肯慢慢說出。當然，從小到大，在家長眼裡，她是一個讓人放心的孩子；在教師眼裡，她是一個聽話的好學生。

在即將畢業時，孫麗做出了一件使教師吃驚、使家長不安的事情。事情的經過是這樣的：幾位男同學違反課堂紀律，班導知道後在班會上進行了批評。由於班導事先沒有進行認真調查，批評時擴大了範圍，將孫麗也從座位上叫了起來。孫麗非常委屈，感到老師這樣做太不公平了，讓自己在全班同學面前出醜。下課後，她趁同學不注意，拿起削鉛筆用的小刀在自己左臂割了六刀，其中三刀較重，出了血，三刀較輕。回家吃飯時，母親看到女兒臂上的血跡，關切的詢問是怎麼回事。孫麗先是搪塞，說是不小心碰的。後經母親再三追問，她才說出了實情。家長聽了十分震驚，趕忙將此事通知了班導。班導專程來家看望孫麗，並主動承認了自己批評上的失誤。孫麗見老師親自來看望自己，似乎被老師的行為打動了，也就消了氣。

她的父母以為此事到此已經結束，不會再有什麼其他問題了。然而沒過幾天，孩子又出了問題，而且比上次更加嚴重。那是在一天深夜，母親聽到女兒房裡有動靜，便起床前去看望。孫麗告訴母親，她肚子有點疼，想上廁所。母親信以為真，回房去睡了。誰知第二天清晨，到該起床的時候孫麗還沒有起來。母親到女兒房間一看，只見桌上有兩個空藥瓶，孫麗臉色憔悴，正手捂著肚子悄悄呻吟。孫麗被送到醫院檢查，經醫生詢問，才知她夜裡服了許多藥，其中有四十顆消炎用的西藥，有十顆感冒藥，以及其他一些科學中藥。這些藥是孩子事先準備好的。幸虧醫院及時搶救，否則會給身體造成嚴重傷害。從醫院回來後，經過母親再三追問，孫麗才說出了事情的起因。

原來孫麗在學校又遇到不愉快，小組長因其未參加衛生值日公開批評了她。孫麗當時便和小組長頂撞了起來。她氣衝衝的說：「下次我一個人補做就好了，為什麼偏偏要找我麻煩！」放學回家後，孫麗聯想起最近發生的事情，越想越窩囊。她覺得這是老師和同學聯合起來一起整自己，這樣被整真沒有意思。這時她下意識的想到了死，並模仿電影裡服藥自盡的場面，暗中準備好兩瓶藥片，準備自殺。女兒用刀自傷、服藥尋死的企圖深深震撼了父母的心。他們不明白孩子為何屢次冒出如此愚蠢的念頭？他們不了解一向讓人放心的孩子為什麼突然遇到這麼多的麻煩？

小故事大智慧

孫麗的自傷、尋死行為不是偶然的，有深刻的背景誘發因素。孫麗自幼性格孤僻、敏感，有事好悶在心裡，這些性格弱點若得到適當的引導和鍛鍊，本來是可以逐漸得到改善的。然而，父母對孩子的性格弱點有所忽略，以為這是女孩子固有的特點，致使這些弱點得到鞏固、強化和發展。隨著孩子年齡的發展，孩子的思維能力有明顯發展，但仍易受情緒左右；自尊心、社會化行為的發展也有很大進步，不過潛存的矛盾或衝突也容易被人們忽視。正是在這樣一種心理發展背景上，在遇到一定的外界刺激的時候（班導的批評失誤以及同學間的人際爭執），孫麗多年來累積的性格弱點一下子暴露無遺，而其挫折承受力及有關的社會適應和自我調控能力又很有限，於是便導致了挫折衝突的自我發洩和自我傷害，甚至萌發了輕生的意圖。

一般來說，過於敏感的人容易對別人的話語和行為產生過多的猜疑，過多在乎別人的眼光，然而，引來的卻是更多的痛苦。內疚、難為情，也給自己平添了不少恐懼，唯恐多說一句話、多行一步路惹惱了周圍的人。於是敏感的人學會了隱藏自己的個性，他以為只有這樣才是最穩當的，卻不知道，一直活在別人眼裡，其實是最痛苦的，甚至會讓人呼吸困難。

解壓之道

造成人際敏感的原因比較多，所以對具體的當事人要作具體的處理。下面就具體列舉幾種方法：

1　認知療法

認知療法就是透過心理專家的指導和幫助，消除不合理的想法，從而消除症狀。對有些當事人則必須給予更多的耐心和支持，讓他們從內心得到成長，收回把敵意投射到別人身上的防禦方式，消除人際敏感。就孫麗的案例而言，心理專家要找出幾個關鍵性的問題來幫助當事人更好更快的找出問題的根源。例如：「孫麗，你說別人都針對你，你能不能說說具體是哪些人針對你呢」和「你能不能舉一些比較具體的例子說明李某怎麼故意跟你作對呢」等問題。心理專家要從孫麗的訴說中找出其中不合理之處，然後再與孫麗共同探討。經過多次的分析與探討，當事人會慢慢的開始分析自己的感受和認識，承認有些感受是自己主觀造成的，而不是別人故意針對自己。

2 鬆弛訓練法

也稱放鬆訓練法，它是一種透過訓練有意識的控制自身的心理生理活動、降低啟動水準、改善身體紊亂功能的心理輔導方法，目的在於透過肌肉的放鬆，達到精神的放鬆，以此應付生活中產生的敏感情緒。一般來說，其方法是緊縮肌肉，深呼吸，釋放現在的思想，注意自己的心跳次數等，幫助當事人經歷和感受緊張狀態和鬆弛狀態，並比較其間的差異。這樣就會使當事人敏感的神經逐漸的得到放鬆。這種方法需要當事人具有冷靜的思維與清醒的頭腦。

心靈咖啡館

大烏龜和小烏龜在一起喝可樂。大烏龜喝完自己的一份後，就對小烏龜說：「你去外面幫我拿一下可樂。」

小烏龜剛走幾步，就不走了，回頭說：「你肯定是讓我出去以後，要把我的可樂喝掉！」

「這怎麼可能，你是在幫助我啊！」

經大烏龜一再保證，小烏龜同意了。

一個小時過去了，大烏龜耐心等待著……

兩個小時過去了，小烏龜還沒有回來……

三個小時過去了，小烏龜仍然未見蹤影。

大烏龜想：「小烏龜肯定不會回來了。牠一個人在外面喝可樂，怎麼會回來呢？我乾脆把牠這一份喝了！」

大烏龜拿起可樂，剛要喝，門砰然一聲，開了：「住手！」

小烏龜就像從天而降，站在大烏龜面前，氣衝衝的說：「我早就知道，你要喝我的可樂！」

「你怎麼會知道呢?」大烏龜尷尬而不理解的問。

「哼!」小烏龜氣憤的說,」我在門外已經站了三個小時了!」

值得信賴是獲得信任的前提。把周圍的人視為好人,信任他們,將他們當成能幹和有責任感的人,他們會把最好的表現出來。

3 系統減敏法

減敏,就是脫離、消除過敏的意思。其含義是當事人對某種事物、人和環境產生過度敏感的反應時,心理專家,可以在當事人身上發展起一種不相容的反應,使對本來可引起敏感反應的事物或人等,不再產生敏感反應,如有一些成年人害怕蟑螂,看見蟑螂就會出現極度的恐怖感,如:驚叫、心跳加速、臉色蒼白等。對這種過敏反應,可在其信賴的人(父母、老師等)陪同下,在從事愉快的事情同時,從無關的話題到關於蟑螂的話題,從圖片到玩具寵物,從電視、答錄機的形聲到真實的蟑螂,從遠到近,逐漸接近蟑螂,鼓勵當事人去看、去接觸,多次反覆,直至當事人不再過度恐懼蟑螂。減敏法一般和鬆弛訓練法結合在一起。

大致程序如下:進行全身鬆弛訓練,放鬆身體各部位;建立焦慮刺激強度等級層次,由當事人想像從最惡劣的情境到最輕微焦慮的情境;焦慮刺激想像與鬆弛訓練活動相配合，讓學生做肌肉放鬆，然後想像從焦慮刺激的最輕微等級開始逐步提高，直到最高也不出現焦慮反應為止。若在某一級出現了焦慮緊張，就應退回到較輕的一級，重新進行或暫停。

我認為自己是最完美的，誰都不如我——解析自戀心理

典型範例

某博士生

「我是一個文學方面的研究生，正在讀博士學位，可稱得上天之驕子了吧。從小學到大學，我一切順利。大學畢業後，又被推薦上了研究生。但最近，我發覺自己陷入了困境，似乎很難念完博士學位。」「前不久，我寫了一篇論文。我認為那是篇很有價值的論文，我相信，它會在文學界產生極大的震撼，並會產生深遠的影響。但我寫到三分之二時，卻很難進行下去了。

我的導師們對我的文章很不以為然，而且，他們還故意拖延，阻礙它早日完稿發表。我知道，他們都是妒賢嫉能，怕我的文章出來後，顯得他們自己臉上無光。其實，這正說

明他們故步自封。不過，我會盡力而為，用行動證明自己能超越他們，同時證明他們不過如此。「就是因為此事，近來我嚴重失眠，常在床上翻來覆去睡不著。本來我和女朋友的關係還可以，近來也顯得非常緊張。我不知是怎麼回事，希望能得到您的幫助。」以上是一個研究生的諮詢求助信。

為了能更全面的了解這位青年，並盡可能給他一些指導，我回了封信，約他前來心理諮商室詳談一次。他是和女朋友一起來的。我和他之間的談話是從他那篇論文開始的。一觸及此，他便眉飛色舞，甚至於手舞足蹈，似乎他正在萬人會場的主席臺上慷慨陳詞。我問他：「你有過自卑的時候嗎？」

他仔細想了想，說：「沒有，我沒有必要自卑。」

我接著問：「那麼，你有孤獨的時候嗎？」

「我一直在孤獨中。不過，這沒關係，我知道，有成就的人總是孤獨的。」

「你和女友關係怎樣？」

「不怎樣。和女人相處，對我來說只是一種調節劑，不會有太大的收穫。」對此，他倒是坦誠相見，毫不隱瞞。

然後，我請他到外面稍等片刻，請他的女友進來，側面了解一些情況。他的女友說，在她以前，他曾結交過好幾個女孩子，但不知什麼緣故，談的時間不長，一個個都離他而去了。「我和他認識的時間也不長，剛開始，他似乎對我很迷戀，但不到兩個月，便開始對我冷淡。起初，我對他的孤傲、自負很讚賞。但現在，我越來越受不了他那種盛氣凌人的姿態了。」她還說，他在學校裡，總是「天馬行空」，獨來獨往，逢年過節公司慶祝時，也沒什麼人願意和他說話，他也不理睬別人。

恰巧，我有個朋友就在他所在的大學，這使我得以了解到這位研究生的其他情況。據說，他那篇被他說成驚世之作的論文完成之後，他的導師和其餘幾位教授都認為，那只是一篇平庸之作，既無新的見解，論述也不夠全面。他的同學們也反映，他這人極無涵養，總是以一種高高在上的優越感與人相處，令人難以接受。當然他也有不如別人的時候，此時，他會妒性大發，把別人說得一文不值。

小故事大智慧

心理醫生分析，案例中的這名研究生就是一位典型的自戀症患者。「自戀」，不只是「自我迷戀」，它還有其他重要特徵。大多表現為過自我重視、誇大、對別人缺乏同情心，對別人的評價過度敏感等等。他們總是認為自己將獲得無止境的成功、權力、榮譽，認為自己生在世上就享有一種特權，諸如不必像普通人一樣買票排隊、注意公共秩序等。他們有時做一些損人利己的事情，如擠車時，別人將他擠到車上，他卻不再讓車下的人上去。除此之外，他們對別人的議論是頗為關心的，一旦聽到讚美之詞，就沾沾自喜，反之，則會暴跳如雷，他們對別人的才智十分妒忌，有一種「我不好，也不讓你好」的心理。在和別人相處時，他們很少能站在別人的角度理解別人。

從表面上看，自戀性人格障礙患者處處為自己物質的和心理的利益考慮，而實際上，他的一切利益都因自戀而受到了損害。為什麼這麼說呢，這是因為：

(1)自戀是一種對讚美成癮的症狀，為了獲得讚美，自戀者會不惜一切代價。比如有人冒生命危險而求得「天下誰人不識君」的知名度，這就走向了自戀的反面——自毀。

(2)自戀是一種非理性的力量，自戀者本人無法控制它，所以就永遠不可能獲得內心的寧靜，永遠都會被無形的鞭子抽打，只知道朝前奔走，而沒有一個具體可感的現實目標。

(3)自戀者也會下意識的明白，總是從別人那裡獲得讚美是不可能的，所以他會不自覺的限定自己的活動範圍，以迴避外界任何可能傷及自戀的因素。這就容易導致自閉。

(4)在與他人的交往中，自戀者會因為他的自私表現而喪失他最看重的東西——來自別人的讚美，這對他來說是毀滅性的打擊，並且可以使其進入追求讚美——失敗——更強烈的追求——更大的失敗的惡性循環之中。自戀者易患憂鬱症，原因就在這裡。

（5）自戀有時會以不可理喻、甚至讓人難受的方式表現出來。比如自戀者時常過度關心自己的健康，總懷疑自己患了任何儀器都查不出來的某種疾病，即使自己都認為這種懷疑是荒謬的也無法擺脫疑慮，終日煩惱不安。寫日記可能是自戀的表現形式之一。從表面看，寫日記可以記錄重大事件，鍛鍊寫作能力，但從動機層面看，則可能是為了滿足自戀。有一組外國漫畫——《一個女孩的一天》，描繪了一個十一、二歲的小女孩一天的經歷，起床，照鏡子，打扮，與一個年齡相仿的男孩一起玩，男孩送給她一朵花，還吻了她，然後回家，寫日記，最後在寫完日記的美好心情中甜蜜的入睡。可以想像，這個小女孩對自己是何等滿意，白天的經歷證明了她對自己的滿意是何等正確。這樣的事當然應該用有溫馨色彩的日記本記下來，以便將來一遍遍品讀，滿足自戀情結。如果說日記是一本書，那這本書通常只有一個讀者——寫日記的人。那些喜歡把日記拿出來展示的人，是把他們的自戀擴大化了。有一點需要說明的是，小學生們迫於老師和家長的壓力寫日記，無關自戀。

嚴重自戀病症是人格障礙之一，國際通用的《精神疾病診斷和統計手冊》第三版把這種人格描述為自以為是、自我陶醉的人格。其主要特徵是：

強烈的自我表現欲和從他人那裡獲得注意與羨慕的願望；一貫自我評價過高，自以為才華出眾、能力超群，常常不實際的誇大自己的成績，傾向於極端的自我專注；好產生海闊天空的幻想，內容多是自我陶醉性的，如幻想自己成就輝煌，榮譽和享受接踵而來；權欲傾向明顯，期待他人給自己以特殊的偏愛和關心，不願相互承擔責任，很少意識到其剝奪性行為是自私的和專橫的；缺乏責任心，常用自負傲慢、妄自尊大、花言巧語和推諉轉嫁等態度來為自己的不負責任辯解，漠視正確的自重和自尊；在人際社交方面，與他人缺乏感情交流，喜歡占便宜；在面臨批評和挫折時，要麼表現出不屑一顧，要麼表現出強烈的憤怒、羞辱或空虛；容易給人造成一種毫不在乎和玩世不恭的假象，事實上卻很在意別人的注意和稱讚；為謀取個人利益不擇手段，只願享受，不想付出等等。

解壓之道

對於自戀的人格障礙，加拿大著名心理學家塞利曾說：「對那些自戀狂人進行深入研究，會發現在其內心深處，常有深藏的自卑和自責心理。他們雖然表現出自命清高，超「凡」脫「欲」，但對別人的隻言片語都極為在乎，而且，一旦被人擊中「痛點」就會怒不可遏，暴跳如雷。往往，他們只是用自尊、自重來構築一堵自我防禦的圍牆，而這堵牆實際上並不牢固，一旦有外力作用，就會搖晃甚至坍塌。因此，自戀症患者總會時時出現各種情緒困擾，如憂鬱、煩惱等，並可有失眠、頭痛、多汗等生理症狀。

有心理專家建議，對這些人應當讓他們學會理智調節法。自戀人格在出現過度緊張等不良情緒時，往往會伴隨出現思維狹窄現象，而思維狹窄現象出現後，又會加速不良情緒的盲目成長。人的不良情緒強度越大，其思維就越有可能被捲入情緒的漩渦，從而發生不合邏輯，失去理智的種種反應。理智調節法是指用正常的思維，消除不良情緒盲目成長的自我調節方法。運用這個方法一般有四個步驟：

第一，必須承認不良情緒的存在

有一天，狗對狐狸吹噓自己長得漂亮又有氣力：「我說話，你別生氣，每當我瞅著你，就在心裡想，哪點你能跟我相比？身材那麼小，長得又瘦弱，四條腿那麼細……教我怎能不可憐你！」

狐狸的答話透著頑皮：「我可憐，請原諒。你找了一個恰當的比較對象。你大發慈悲和我交朋友，我要為這件事感激上蒼。你有許多長處，我知道，如果能再增加幾分智慧就更好……」

「什麼，」狗聽了滿臉惱怒，智慧要它有什麼用處！」

在與他人相處過程中，你要記住，即使自己有什麼比別人強的地方，也不可當作驕傲的資本而表現出自高自大。因為自高自大的人不僅會受到別人的嘲笑，而且長此以往，別人將不再接受你，最終你會成為一個孤獨的人。

第二，當承認自己存在某種不良情緒後，就要分析引起這種情緒的原因，弄清自己為什麼苦惱、憂愁、憤怒和恐懼。

心靈咖啡館

有一個人經過熱鬧的火車站前，看到一個雙腿殘障的人擺設的鉛筆小攤，他漫不經心的丟下了一百元，當作施捨。

但是過了不久，這人又回來了，他拿了一枝鉛筆並抱歉的對這殘障者說：「不好意思，你是一個生意人，我竟然把你當成一個乞丐。」

過了一段時間，他再次經過火車站，一個店家的老闆在門口微笑喊住他：「我一直期待你的出現，」那個殘障的人說，」你是第一個把我當成生意人看待的人，你看，我現在是一個真正的生意人了。」

一份尊重和愛心，常會產生意想不到的善果，所以朋友們，不妨用心的看待這個世界，用心的去尊重每一個人及自己，你將會發現，自己及周遭的人都有著無窮的潛力。

第三，對具有真實原因的不良情緒，要尋求適當的解決途徑和方法。

如果是由於缺乏認真溝通而造成同別人之間的隔閡，使你產生不被理解的苦惱，那你就得主動、誠懇的與他人交談，讓別人理解你的立場、思想和行為，消除彼此的隔閡，也就會使你的內心恢復平靜。

第四，對自戀症的矯正，還可運用對比法。

讓患者在事實的面前領悟自己不過是滄海一粟，從而克服井底之蛙的淺見與自大。運用對比法時應注意，有一些人原是由於自卑引起的外在表現上的自尊，運用對比法會加深其自卑，那將是有害無益。

心靈咖啡館

一隻小鳥飛到井沿上，看見井裡有一隻青蛙。

青蛙問小鳥：「小鳥，你從哪裡來呀？」

小鳥說：「我從很遠的地方來。我在天空中飛了一千多里，又累又渴，想問你討點水喝。」

青蛙笑著說：「小鳥，別胡說了。天只有井口那麼大，還用飛那麼遠嗎？」

小鳥笑著說：「青蛙，天是無邊無際的。如果你不相信的話，就跳出井口來看一看吧！」

青蛙很不耐煩的說：「好吧，我就跳上來看一下吧。」

青蛙用力一跳，跳出了井口。牠抬起頭來，哎呀！天真的是無邊無際的。

青蛙慚愧的說：「小鳥，我真的應該多看看外面。」

小鳥高興的說：「如果你真這樣想的話，那就跟我去旅行吧。」

青蛙聽了小鳥的話，心裡樂滋滋的。牠們飛過花園，看見了美麗的鮮花；牠們走過樹林，看見綠色的葉子；飛過大海，看見藍藍的大海……

青蛙興奮的說：「小鳥，世界真是精彩極了。」

不要做故事中的那隻青蛙，只會在自己的世界裡妄加判斷外面的世界，只有那些真正在自由的天空翱翔的鳥才有資格稱讚這個世界美麗。

第七章　戒除網路成癮，重返現實人生

當電腦裡有一個人為你守候的時候，你覺得他是一個靈魂，寧願被這個靈魂左右著你的生活，左右著你整個世界。而當電腦死氣沉沉毫無生氣的時候，你卻努力尋找那個可以左右你的源泉，無聊的、困乏的。瘋狂的尋找那個可以左右自己的人與事物，這就是網路成癮。

心理學家提出，戒除網路成癮就好比大禹治水，宜疏不宜堵，心病還需心藥治，戒除網路成癮必須從「心」開始。

我的心裡很矛盾，但我就是控制不住——解析網路成癮心理

典型範例

徐曉輝　大二學生

徐小輝是某大學二年級的學生，大學一年級時一次偶然的上網經歷讓他從此沉迷網路遊戲不能自拔。

「那時剛上大學沒幾個月，有天晚上同學們在宿舍沒事做，有人提議去上網，結果大家就跟著去了。」徐小輝回憶起第一次上網的情形依然歷歷在目，「在網咖裡看到好多人玩遊戲，我也嘗試著玩玩，發現挺有意思的，一下玩了兩個多小時。回去後，心裡一直癢癢的覺得不過癮，沒幾天就又跑到網咖去了。」

就這樣，徐小輝開始千方百計擠出時間上網，最後發展到蹺課的地步。「從這學期開始，我幾乎不上課。白天在宿舍睡覺，晚上去網咖上網。」「因為晚上包夜便宜。」為了擠出上網的錢，徐小輝常常一天只吃中午和晚上兩頓，並且都是泡麵或麵包之類的便宜食品。「飯可以不吃，但網不能不上。」徐小輝說。

「玩多了也會自責，覺得對不起父母。因為家裡是務農的，為了我上學還借了十萬多

元債務。可是越是自責越想逃避，越願意躲在網路虛擬世界中。這樣就不會想那些煩心事了。」徐小輝覺得網路就像精神鴉片，一旦上癮想戒除非常困難。「一天不玩就心裡癢癢，感覺像丟了什麼似的。」沉迷網路不能自拔讓徐小輝在虛擬的世界裡過五關斬六將，獲得快慰和滿足；但在現實的世界中成績卻一路下滑，到這學期末已經有七門功課「紅燈高懸」，拖欠學分高達二十一分，直逼學校規定的二十五分留級警戒線。

小故事大智慧

上網選課、查資料；線上聊天、線上遊戲、滑手機、追劇、IG、FB……在如今的大學校園裡，如果你不會用電腦，沒有上過網，那無疑會被認為是落伍了。網路無邊，已經結結實實的「網」住了象牙塔，成為如今大學生學習和娛樂不可或缺的重要工具。

但是，網路在為大學生打開一扇便利之門的同時，也讓不少學生陷入「網路成癮」的深淵，眾多家長和老師因此傷心、焦慮。「寒窗苦讀二十載，一朝卻被網路害」成了許多因沉溺網路而葬送學業的大學生的真實寫照。網路成癮也即「網路成癮症候群」，簡稱IAD。美國心理學家金伯利．S．揚認為，IAD與沉溺於賭博、酗酒、吸毒等上癮者無異。網路成癮者對上網有一種心理上的依賴感，主要表現為網路遊戲成癮、上網聊天與交際成癮、網路上收集資訊成癮等多種形式。過度沉溺和依賴網路對大學生的心理健康造成了極大的影響。

那麼，如何判斷是否患上「網路成癮症」呢？如下幾點為網路成癮症自我診斷標準：

(1)網路已經占據了你的身心。

(2)不斷增加上網的時間和投入程度才能感到滿足，從而使得上網的時間比預定時間長。

(3)無法控制自己上網的衝動。

(4)每當網際網路線路被斷線或由於其他原因不能上網時，會感到煩躁不安或情緒低落。

(5)將上網作為解脫痛苦的唯一辦法。

(6)對家人或親友隱瞞迷戀網際網路的程度。

(7)因為迷戀網際網路而面臨失學、失業或失去朋友的危險。

(8)在投入大量金錢、時間、和精力時有所後悔，但第二天卻仍然忍不住還要上網。

(9)因為長時間迷戀網際網路導致睡眠規律紊亂（如日夜顛倒）、倦怠、顫抖、視力減退、頭痛、頭暈、食慾不振等軀體症狀。

說明：如果一個人上網的時間符合上述標準，但沒有影響到正常工作、學習和生活，沒有伴發精神症狀、軀體症狀、心理障礙及階段反應，只能稱為網迷，但需要心理干預，否則就會進一步發展成為網路成癮症。如果你具有四項或四項以上表現，同時每日上網時間大於四小時以上，一週上網時間大於五天，並已持續一年以上，並且伴有精神症狀、軀體症狀，那就表明你患上了「網路成癮症」。

心理學專家認為，大學生網路成癮的原因有三個方面：

第一，網路自身的優勢是大學生網路成癮的客觀原因。網路是現代科學技術進步的標誌，它的高科技性、超時空性、自由性、開放性、模擬性與時尚性對大學生具有很強的吸引力。

第二，大學生的個性心理特徵是網路成癮的主觀原因。具有不同個人特質的網路使用者，會受到不同的網路功能所吸引，會產生不同的網路成癮形態，網路成癮現象是由網路使用者的個人特質與網路功能相互作用的結果。

第三，使用網路不當是網路成癮的重要原因。正因為大學生把網路當成了玩具，把上網當作休閒消遣，而不是把網路作為學習知識的工具來使用，在網路的認識和使用方法上存在嚴重的盲點，從而導致本應在教室和圖書館裡學習的大學生不分時日的湧入網咖，一坐就是幾個小時，有的甚至夜以繼日，忘記了時間和學習任務，經常遲到、曠課，整天睡眼惺忪，無精打采，從他們的表情中找不出年輕人所應具有的求知欲望和精神面貌。

解壓之道

對於大學生的上網行為，雖然大學可以採取系列措施進行管理，但主要還是靠大學生自己加強認識、自我約束、自我引導。下面是我們對於網路成癮的大學生的一些建議：

1　正確認識網路功能

科技在發展，時代在進步。網路時代已經在新的世紀真正意義上的到來了。資訊時代的人們透過網路，快捷便利的溝通資訊、最大限度的利用資訊資源，就如同過去的人們透過書籍、報刊、廣播等媒體吸取知識一樣。前美國副總統高爾曾說過這樣一句話：「正像槍炮和電視將人類帶入二十世紀一樣，資訊公路將我們帶入下一個世紀，徹底改變我們的生活、學習和工作方式。」熟悉網路是現代人的一種生活技能，但絕對不是生活的全部。

上帝來到人間，問一隻被囚在籠中的畫眉鳥：「你願意到天堂去生活嗎？」

「為什麼要去那裡呢？」畫眉鳥問。

「天堂寬敞明亮，不愁吃喝。」

「可是我現在也很好啊。我吃喝拉撒，全由主人包辦，風不吹頭，雨不打臉，還能天天聽見主人說話、唱歌。」畫眉鳥回答。

「可是，你自由嗎？」聽了上帝的話，畫眉鳥沉默了。

於是，上帝把畫眉鳥帶到了天堂。上帝把畫眉鳥安置在翡翠宮裡住下，走了。

過了一年，上帝突然想起了畫眉鳥，便去翡翠宮看望。上帝問畫眉鳥：「啊，我的孩子，你過得還好嗎？」

畫眉鳥答道：「感謝上帝，我活得還好。」

「那麼，你能談談在天堂裡生活的感受嗎？」上帝真誠的問。

畫眉鳥長歎一聲，說：「唉，這裡什麼都好，只是沒有人和我說話，使我無法忍受。您還是讓我回到人間吧。」聽了這話，上帝禁不住點點頭。

人是離不開群體的，人與人之間需要很好的交流和溝通的，畢竟我們不是生活在沒有人間煙火的世界裡。若是沒有相互交流和相互欣賞，即使給你天堂，也注定得不到快樂、自由。

2　正確認識自我，明確網路成癮危害

法國哲學家鮑德里亞在《完美的罪行》一書中指出：數位革命使人們逐漸遠離現實世界，這給人類自我認識和自我定位帶來巨大威脅。迅速發展的網路科技是一把雙刃劍，它在給人們帶來極大方便的同時，也帶來了一定的心理衝擊。要正確認識自我，了解自身成癮的內在心理淵源和外在環境條件，深刻體會和思考上網成癮的危害，明確自己的生活目標和責任，主觀上，加強與同學、老師和家人的交流，以積極的態度進行綜合治療，客觀上，嚴格控制上網時間，自覺消除不良行為。

心靈咖啡館

神孜孜不倦的造人，一個一個的造出來又一個一個被魔吃掉。

有一天，魔終於忍不住了，暴怒的對神吼道：「你不要再造人了，再造人，我連你一起吃了！」

神的眼裡淌出了淚，說：「可是我總得有事做呀！」

魔沮喪的垂下了頭，低聲說：「我也是。」

我們總以為能做自己想做的事和做著自己想做的事就是幸福。而幸福的前提是有你想做的事，有你可做的事，和有你能做的事。我們完全可以憑藉自己的力量進行心理調試，走出精神空虛的盲點。

3　做好自我約束，主動接受監督

據了解，目前大學生上網的主要目的是查詢資訊，其次是收發郵件，然後是遊戲聊天，最後才是為上網而上網、打發時間。可見，多數大學生面對虛擬世界的刺激，都能自我約束。而那些上網成癮者所缺少的就是這個，他們有一個共同的特點，就是自我人格的力量發育不良或削弱、依賴性強、自制力弱，要從根本上解決這一癥結，關鍵還是提高個人的自制能力。為了自己的前途，主動接受身邊人的監督，學會自覺控制上網時間，真正把上網作為知識資訊的視窗和學習的工具。

（1）上網之前先定目標。每次花二分鐘時間想一想你要上網做什麼，把具體要完成的任務列在紙上。不要認為這個二分鐘是多餘的，它可以為你省十個二分鐘，甚至一百個二分鐘。

（2）上網之前先限定時間。看一看你列在紙上的任務，用一分鐘估計一下大概需要多長時間。假設你估計要用四十分鐘，那麼把小鬧鐘定到二十分鐘，到時候看看你進展到哪裡了。

心靈咖啡館

相鄰的兩座山各有一座寺廟，廟裡分別住著一位和尚，這兩座山之間有一條小溪，兩位和尚每天都會在同一時間下山到溪邊挑水，相處久了，兩位和尚便成了好朋友，而時間一眨眼就是好幾年過去了。

突然有一天，左邊這座山的和尚並沒有下山挑水，右邊那座山的和尚心想：大概是睡過頭了吧！哪知第二天，左邊這座山的和尚還是沒有下山挑水。第三天也一樣。過了一星期還是一樣，就這樣過了一個月。

一個月過去了，右邊那座山的和尚終於按捺不住，心想：我的朋友這一回恐怕病得不輕，我必須過去拜訪他，看看能幫上什麼忙。

於是他便登上左邊的山去找老朋友。到了廟前，他大吃一驚，因為這一位老朋友不但沒有生病，甚至還從容在打太極拳。他好奇的問：「你已經一個月沒下山挑水了，難道你可以不用喝水嗎？」

左邊這座山的和尚說：「來來來，我帶你去看。」於是，他帶著右邊這座山的和尚走到廟的後面，指著一口井說：「這幾年來，我每天做完功課後，都會抽空挖井，即使有時很忙，也都或多或少挖點。如今，終於讓我挖出水了，我從此不必再下山挑水了，而我也有更多的時間去做我喜歡做的事情。」

像故事中左邊那座山的和尚一樣，你也可以制定每天的學習或工作計畫，這樣日積月累，一定會讓你的學識或成績有很大程度的提高，為你今後的發展打下良好的基礎。

4　正確的自我引導

當自己或者有人提醒你已經上網成癮了，必須果斷的告別網路，並且為自己的生活重新「程式設計」，重新培養自己的興趣愛好，以豐富多彩的課餘活動來替代上網。取代對上網的依戀必須透過網路完成某些課程任務或人際社交，開始時可以求助他人幫忙，待自己的注意力和興趣有了一定程度轉移後，嘗試自己事先制訂計畫，明確上網的正確目的後再上網。

心靈咖啡館

一九五〇年，世界著名游泳愛好者弗洛倫絲窯查德威克成功橫渡了英吉利海峽。兩年後，她要從聖卡塔利娜島游向加利福尼亞海灘，她想再創一項世界記錄。

十六個小時過後，當她游進加利福尼亞海岸時，嘴唇已凍得發紫，全身一陣陣的發抖。遠方，霧氣茫茫，使她難以辨認伴隨著她的小艇以及前方不遠的終點。最後，她選擇了放棄，上岸後她告訴記者說，如果當時她能看到陸地，她就一定能堅持游到終點。大霧阻止了她奪取最後勝利的行程。但是，事實上妨礙她成功的不是大霧而是她內心的疑惑。是她自己讓大霧擋住了視線，迷惑了心，先是對自己失去了信心，然後才被大霧俘虜了。

兩個月後，查德威克又向這項紀錄發起了衝擊，天氣同上次一樣的惡劣，但這次她堅持著，她知道陸地就在前方；她奮力向前游，最後終於成功了。

這使查德威克終於明白信念的重要性。她不僅確立了目標，而且懂得要對目標充滿信心。

當我們在生活中樹立了正確的目標後，千萬不要讓形形色色的霧迷住了你的眼睛，不要讓霧俘虜你，你要知道信念的重要性。信念之所以對我們的人生有這麼重要的影響，事實上它是我們人生中追求快樂、避開痛苦的引導力量。信念不是自然生成的，乃是我們從過去經驗中累積而學會的，它是我們行動的方向，能改善人生品質。

我只有在虛擬世界裡遨遊才能找到自尊——解析逃避現實心理

逃避現實的人啊，要多參加團體活動，讓身邊的人發現自己的長處，然後擴大活動的範圍，參加各個團體裡比較時尚的非網路活動，最後在活動中加強與身邊的人溝通，適當鍛鍊自己的人際社交能力。

典型範例

李剛　待業青年

「我平時就不善交際，性格十分內向，但我的內心卻很『狂』。」

「我和周邊人打交道時，常被他們忽視。」

「可是，每當我置身於網路天地的時候，我就感覺有一種說不出來的暢快的感覺。」

「我在上網的時候，感覺我就像換了一個人似的，我的思維在那時的敏捷程度連我自己都不敢相信。」

「我經常在網路上與別人談古論今，滔滔不絕，人們都稱我為『才子』。」

「現在，我已經不在上班了，因為我一離開電腦做什麼事情都心不在焉，除了電腦，我什麼都不想要，除了上網，我對別的再提不起興趣。」

「後來，我又迷戀上了各種新開發的遊戲，比如英雄聯盟 LoL、天堂、楓之谷啊什麼的，我的進步很快，很快就成為了高手，我在網路上和別人連線玩遊戲的時候，常常是遊戲中的主導者，也常被遊戲網友稱為『將軍、大神』，我因此就更有了一種成就感，感覺這是現實生活所無法給與我的……」

「但是由於花在網路上的時間長，生活費用緊張，好朋友們也距離我越來越遠，這讓我非常痛苦……」

小故事大智慧

現實社會的競爭很殘酷，很多人在大浪淘沙中被淘汰，失意的情緒在所難免。李鐵高超而嫻熟的網路上遊戲技術和豐富的知識獲得了網友的讚賞，也找到了志趣相投的朋友。現實生活裡沒有的被認同感，在虛擬的網路空間裡得到了自我膨脹的欲望不斷刺激著他的繼續上網行為。由於花在網路上的時間長，生活費用緊張，但因為沒有勇氣面對現實社會的殘酷競爭而無法脫離虛擬網路中的世界，他非常痛苦。

長時間與網路打交道的人很容易形成對網路的依賴心理，並自覺不自覺的「異化」了兩種交往方式：一方面，他們喜歡在網路上以浪漫幽默的方式與種種陌生人打交道；另一方面，他們在現實生活中卻變得沉默寡言、不善言談，甚至懶得與活生生的人進行感情交流。在網路上他們是交流高手，網下卻變成交流的障礙者。

網路就如一把無形的「鎖」，鎖住了他們面對現實情感世界的心靈之門，他們不再為人世間的真情實感所動，卻對虛擬的網路空間一往情深。由於他們過度關注人和網路的交流，淡化了個人與現實社會的交往；長期與網路媒體打了交道，失去對周圍現實環境的感受力和積極參與意識，就可能導致他們形成孤僻、冷漠、緊張、不合群、缺乏責任感的心理傾向，這些都不利於作為一個健全人在今後道路上的健康成長。

網路空間具有有限的感知經驗、靈活而匿名的個人身分、平等的地位、超越空間界限、時間的延伸和濃縮、永久的記錄、易於建立的大量人際關係、夢幻般體驗以及黑洞體驗等基本心理特徵；在網路所創造出的虛擬世界中，失敗可以被否認和逆轉，不承擔任何責任，現實中被壓抑的欲望、禁忌、攻擊和幻想可以以象徵的方式得到釋放和滿足，在網路中也可以實現對性慾、權力、財富的虛擬滿足。

美國心理學家格林菲爾德認為，網路之所以讓這麼多人著迷，是因為它能讓使用者產生虛幻的無時空感和無壓抑感，而這種力量所造成的親近感和隱私性是其他任何事物都不曾有的，能夠滿足人們在現實生活中無法滿足的需求，產生增強自信和自我肯定的認知和體驗，強化上網行為，為了繼續不斷的獲得成就感和滿足感，而產生追求衝動，導致上網頻率、時間和經濟花費增加。

也正是因為如此，勇於從虛擬的網路世界中走出來，已經成為了這群人不得不面對的課題。

解壓之道

由網路所引發的大學生逃避現實的現象，是影響大學生正常的生活與學習的突出問題。那麼，對於正在被這一問題所困擾的大學生來說，應該怎樣正確的處理與對待呢？下面是我們給大學生的一些建議：

1　生活因真實而美好

來自網路夥伴的讚賞只能局限在網路上，看不到他們生動的笑容，資訊是不完整的；不是所有的人都樂於接受網路交流，真實的生活是與真實的人打真實的交道，唯有如此，體驗才更豐富，生活才更美好。

心靈咖啡館

在法國一個偏僻的小鎮，據傳有一個特別靈驗的水泉，飲用這泉水常會出現神蹟，可以醫治各種疾病。有一天，一個拄著拐杖，少了一條腿的退伍軍人，一瘸一拐的走過鎮上的馬路。旁邊的鎮民帶著同情的口吻說：「可憐的傢伙，難道他要向上帝請求再有一條腿嗎？」

這一句話被退伍的軍人聽到了，他轉過身對他們說：「我不是要向上帝請求有一條新的腿，而是要請求他幫助我，教我沒有一條腿後，也知道如何過日子。」

2　多參加團體活動

學會信任別人，多參加集體的活動，給予別人關懷的同時他們才會給予你關懷與友愛。

心靈咖啡館

一個寂寞的人看了一個電話的廣告：「有了電話，朋友就來！」

於是，他裝了一部電話，希望朋友跟著來。

白天他賣力的工作，回家之後就整晚歇斯底里的盯著電話機，心想他錯過了不少電話。他仍然寂寞，開始為可能漏接的電話而抓狂！

一天他從信箱裡抓出電話答錄機的廣告：「有了電話答錄機，朋友不『漏接』！」。答錄機裝了一個星期後，他就把它退了——空空的答錄機顯得房間更加寂寞。

不是有了電話就有了朋友，同樣的不是有了金錢就有朋友，存著一顆真誠和主動熱忱的心，才最為重要。當你主動的付出關懷與熱情、主動的幫助別人時，你周遭的人便會因為你的付出而更加的感謝你，也會回報你的熱情和幫助。

3 提升自我控制能力

有意識的控制上網欲望，並在上網之前首先明確目的，弄清自己上網到底要做些什麼同時，對資訊做出理性的、有效的選擇，不要輕易的被某些超出實現確定範圍的無關資訊所干擾。

心靈咖啡館

一個沿街流浪的乞丐每天總在想，假如我手頭有兩萬元就好了。一天，這個乞丐無意中發覺了一隻很可愛的跑丟的小狗，乞丐發現四周沒人，便把狗抱回了他住的窯洞裡，拴了起來。

這隻狗的主人是本市有名的大富翁。這位富翁丟狗後十分著急，因為這是一隻純正的進口名犬。於是，他就在當地電視臺發了一則尋狗啟事：如有拾到者請速還，付酬金兩萬元。

第二天，乞丐沿街行乞時，看到這則啟事，便迫不及待的抱著小狗準備去領那兩萬元酬金，可當他匆匆忙忙抱著狗又路過貼啟示處時，發現啟事上的酬金已變成了三萬元。原來，大富翁尋狗不著，又電話通知電視臺把酬金提高到了三萬元。

乞丐似乎不相信自己的眼睛，向前走的腳步突然間停了下來，想了想又轉身將狗抱回了窯洞，重新拴了起來。第三天，酬金果然又漲了，第四天又漲了，直到第七天，酬金漲到了讓市民都感到驚訝時，乞丐這才跑回窯洞去抱狗。可想不到的是，那隻可愛的小狗已被餓死了，乞丐還是繼續當乞丐。

其實人生在世，好多美好的東西並不是我們無緣得到，而是我們的期望太高，往往在剛要接近一個目標時，又會突然轉向另一個更高的目標。西方一位哲人曾說過這樣一句話：「人的欲望是座火山，如不控制就會害人傷己。」

想到快瘋了，卻又難以割捨——解析網戀心理

任何健康的戀愛都應該以情感為基礎，以為對方負責為前提，也包括網戀在

內，只是我們要有一雙合理看待它的智慧之眼。

典型範例

韓暢　某外貿公司業務員

「那是一個星期六的下午，為了一張國外訂單，我獨自一人來到辦公室，打開電腦，一封新郵件，我終於等到了客戶的回覆，但令我無法接受的是，等到的竟是客戶取消訂單的決定。我的心頓時冰冷，好幾個月的努力就這樣白費了，一直力圖挽救的這筆生意，可最終還是由於交貨期的原因，一切都完了。可以想像，一張六萬美元的訂單對一個初入外貿這一行的人意味著什麼。我盯著電腦螢幕一行行的英文字母，大腦一片空白。慢慢的，我從悲涼中緩過來，竟有一種終於解脫的悲哀。大腦神經緊張了近一個月，現在終於可以放鬆，徹底放鬆了。

我有了一種急需發洩的感覺。「我進入了一個叫「只愛陌生人」的聊天室，劈里啪啦的敲擊著鍵盤，肆無忌憚的四處發言，一位有著絕佳網名的女孩進入眼簾。我們由初始相似的『世界觀』到共同的『戀愛觀』，從眾人同聊到兩人『喁喁私語』。大約二十天後，兩人已到『如膠似漆』的熱戀地步。

「後來，我倆由於各自的學習、工作時間所限，我們就相約每天晚上十二點上網，用我們的話說是『新的一天從我愛你開始』，交談三四個小時，大約四點左右下網，這樣持續了將近一個月。有時，我們在網路聽同一首歌、追劇。她常常發來一兩篇感人至深的愛情故事，我讀完之後，就會和她交流內心的感受。我們倆聊天的時間過得飛快，常常會有一種很幸福的感覺。

「飄雪的季節終於到了，還記得那次對她說：我對你的愛就像就這聖誕夜的雪一樣純潔。不久，我收到了她潔白的信箋。在看到她照片的一剎那，我聽到自己的心激動的在跳，她是那樣漂亮，我再也克制不住自己了，立刻打電話給她：『你真漂亮。我要娶你！』她還是笑著說：『哎喲，天哪，我要暈倒了。』」

「終於，在一個月後的一個週六的上午，我們相約在某地見面了。」

「我終於見到了她，她比照片上還要漂亮，很靦腆的樣子，分外惹人憐愛。」

「我們聊了一個下午甚至忘記了吃午餐，最後才戀戀不捨的分手了。」「回來之後，我對她的愛情之火越燒越烈，我更加直白、更加強烈的表達了對她的愛慕之情，並且說要和她結婚。」

「哪知話一出口，就遭到了她堅決的拒絕，理由是她的丈夫很愛她，她也很愛她的丈夫，她從來沒有考慮過離婚，網戀只是想填補一下自己的空虛而已……」

「我就在這種感情的折磨中生活著，有多少次，快要發瘋的感覺，有多少次，想不再理她，可總是割捨不下，堅持不了幾天又會情不自禁的又去想找她……」

小故事大智慧

美國心理學家金伯利．S．揚認為：網戀一般都是透過視訊、通訊軟體聊天和論壇及電子郵件等方式進行的，而正是由於網路受條件限制，所以對一個人的認識往往是片面的，人性的複雜在網路的掩護下得到了部分遮蔽。而戀愛是需要全方位、多側面的去了解一個人的。所以很多網戀都是光開花不結果，聚也匆匆散也匆匆，很大的一方面原因就是缺少對對方全面的把握，往往是在特定的心境下，心理衝動的結果。特別是聊天網戀，往往憑語言看人，那些會甜言蜜語的，能插科打諢的，往往在異性中很有人緣。而古語說得好：「巧言令色鮮矣仁。」單憑一個人的語言就判斷一個人的優劣，是很幼稚可笑的。很多事實證明，有些大學生在網戀中遭受傷害，吃了大虧，很重要的原因就在於受網路的蒙蔽和限制，缺乏對對方的深刻了解。

網路使得人們傳遞感情的方式得到延伸，談戀愛不僅僅局限於現實世界，在網路的虛幻世界中也同樣有許多談情說愛的人。進入網路時代後，無形的網線開始取代月老的紅線，許多未曾謀面甚至遠隔重洋的男女，透過網路相識和相戀，不足為怪，更何況情竇初開、感情豐富的青年大學生呢？透過網路相互認識，以網路為媒介，然後由虛幻走入現實，最終步入婚姻殿堂的例子在我們的身邊為數不少，但是，看到更多的網戀是沒有結果的悲劇。

網路上談戀愛的類型也有所不同，有的是專一型，有固定的網戀對象，而有的人則是沒有固定的網戀對象，同時和幾個人都保持情感關係，更有甚者僅僅是為了滿足一己之私欲，到處撒網，廣泛培養，腳踏多條船，玩弄對方感情。

因為是在網路上，比起其他形式的戀愛方式更為靈活，更便於瞞天過海，可選擇的範圍更廣，因此網戀往往會成為玩弄異性的手段。但是所有形式的戀愛都應該是以真誠為前提的，任何健康的戀愛都應該以情感為基礎，以為對方負責為前提，這就要求戀愛雙方保持專一。任何不專一的愛情都不是愛情，都是逢場作戲、遊戲人生，內含玩弄和欺騙。

解壓之道

由網戀而引發的各種問題已成為影響大學生正常生活與學習的突出問題，那麼，對於正在被此類問題所困擾的大學生來說應該怎樣正確的處理與對待呢？下面是我們給陷入網戀卻又無法自拔的同學們的一些建議：

1　多參加集體性質的文藝活動

未來社會的就業壓力是很大的，要趕緊寶貴的時間來充實自己，遠離不正確的甚至存在諸多陷阱的網戀。

心靈咖啡館

小虎鯊一出生就在大海裡，很習慣大海中的生存之道。肚子餓了，小虎鯊就努力找小魚吃，雖然要費力氣，卻也不覺得困難。

有時候，小虎鯊必須追逐良久，才能獵食到口。但這種難度隨著小虎鯊經驗的長進，越來越不是問題，獵食的挫折並不對小虎鯊造成困惑。很不幸，小虎鯊在一次優遊追逐時，被人類捕捉到。離開大海的小虎鯊還算幸運，一個研究虎鯊的公司把牠買去了。關在人工魚池中的小虎鯊，雖然不自由，卻吃喝不愁，研究人員會定時把食物送到池中。

有一天，研究人員將一大片玻璃放到池中，把水池隔成兩半，小虎鯊看不出來。這一天，研究人員把活魚放到玻璃的另一邊，小虎鯊等研究人員將魚投入池中之後，就衝了過去。可想而知，牠撞到了玻璃，痛得頭眼昏花，什麼也沒吃到。

小虎鯊不信邪，等了幾分鐘，牠看準了一條魚，咻！又衝過去，這回牠撞得更痛了，差點沒昏倒。休息十分鐘之後，小虎鯊餓壞了，這次牠看得更準，盯住一條更大的魚，咻！又衝過去，情況沒改變，小虎鯊撞得嘴角流血。牠始終想不通到底是怎麼回事，小虎鯊只能癱軟在池子裡。最後，小虎鯊拼盡了全力，咻！再衝。玻璃實在太堅固了，牠撞得更慘，但魚就是吃不到。小虎鯊終於放棄了。

研究人員又來了，他們把玻璃拿走，然後又放進小魚，任其在池中游來游去。小虎鯊看著嘴邊的魚食，卻就是不敢去吃，可是又餓得滿眼昏花，小虎鯊顯得很無奈。

當我們面對拒絕問題時，我們不妨想想小虎鯊的遭遇。拒絕問題就像池中的大片玻璃，撞擊時會感到疼痛。但是玻璃取走後，小虎鯊獵食是不是輕而易舉？

2　要明白，愛情只是生活的一部分

生活有更多更重要的事情等著我們去做，切不可沉溺於愛情之中不能自拔。

愛情，是兩個人的之間的事情，兩個人的世界不應該是世界的全部，我們每個人除了愛人外還有親人，還有朋友，那些為了情人而殉情的人似乎真的有點可歌可泣，卻不知他們為了情人而放棄自己的同時也放棄了親人和朋友。

當一個人迷茫於愛情的時候，往往會不知不覺的失去更多的東西，失去了原本應該奮鬥的動力。但是，愛情不應該是兩個人之間自私的產物，當我們得到愛情的時候，應該是讓周邊的親人朋友也一起享受快樂。而愛情也應該為我們的奮鬥注入新的動力，如果當愛情陷於迷茫時，我們寧願選擇放棄，將這份牽掛深埋在心底，讓時間慢慢沖淡，而繼續我們的事業和生活。

心靈咖啡館

古時候，有一個農夫要到另外一個村莊做事，可是當時交通不便，他只能徒步行走。走啊走，這農夫穿過一大片森林後發現，要到達另一村子還必須經過一條河流，不然的話，就得爬過一座高山。怎麼辦呢?是要渡過這條湍急的河流，還是要辛苦的爬過高山?正當這農夫陷入兩難時，突然看到附近有一棵大樹，於是就用隨身攜帶的斧頭把大樹砍下，然後將樹幹慢慢的砍鑿成一個簡易的獨木舟。這個農夫很高興，也很佩服自己的聰明，因此他很輕鬆的坐著自造的獨木舟就到達了對岸。

上岸後，農夫又得繼續往前走。可是他覺得這個獨木舟實在很管用，如果丟棄在岸旁實在很可惜!而且萬一前面再遇到河流的話他又必須再砍樹，辛苦的鑿成獨木舟。所以，這農夫就決定把獨木舟背在身上以備不時之需。走啊走，這農夫累得滿頭大汗，步伐也越走越慢，因這獨木舟實在是太重了，壓得他喘不過氣來!

這個農夫邊走邊休息，有時真是好想把獨木舟丟棄不要了!可是，他卻捨不得，心想，既然已經背了好一陣子就繼續吧！萬一真的遇到河流就很管用了！然而這農夫一直汗流浹背的走，走到天黑，發現一路上都很平坦，在抵達另一個村莊前都沒有再遇到河流！可是，他卻比不背獨木舟多花了三倍的時間才到達目的的。

人生旅程，或平坦，或崎嶇，或湍急溪流，或陡峭高山。各種困境、磨難總會在不期然之間出現，往往令我們始料不及，措手無策。我們的愛情就好比故事中的「獨木舟」，有時能夠始終讓我們走得自在，輕鬆；有時卻讓我們費盡苦力的肩負著它。

如果說，有什麼東西值得我們終身攜帶的話，它就是健康的心態和堅定的人生信念！即無論遇到什麼情況，都勇敢的坦然接受，去面對和征服。

3　多和朋友交流，一緩解寂寞情緒

要以一顆真誠的心去與朋友交流，只有這樣才能讓自己封閉的內心照進陽光，才能讓光明的力量治癒你那曾經結下的傷疤。

心靈咖啡館

美國一位有錢的貴婦人，她在亞特蘭大城外修了一座花園。花園又大又美，吸引了許多遊客，他們毫無顧忌的跑到貴婦人的花園裡遊玩。年輕人在綠草如茵的草坪上跳起了歡快的舞蹈；小孩子栽進花叢中捕捉蝴蝶；老人蹲在池塘邊垂釣；有人甚至在花園當中支起了帳篷，打算在此過他們浪漫的盛夏之夜。

貴婦人站在窗前，看著這群快樂得忘乎所以的人們，看著他們在屬於她的園子裡盡情的唱歌、跳舞、歡笑。她越看越生氣，就叫僕人在園門外掛了一塊牌子，上面寫著：私人花園，未經允許，請勿入內。可是這一點也不管用，那些人還是成群結隊的走進花園遊玩。貴婦人只好讓她的僕人前去阻攔，結果發生了爭執，有人竟然拆走了花園的籬笆牆。

後來貴婦人想出了一個絕妙的主意，她讓僕人把園門外的那塊牌子取下來，換上了一塊新牌子，上面寫著：歡迎你們來此遊玩，為了安全起見，本園的主人特別提醒大家，花園的草叢中有一種毒蛇。如果哪位不慎被蛇咬傷，請在半小時內採取緊急救治措施，否則性命難保。最後告訴大家，離此地最近的一家醫院在威爾鎮，開車大約五十分鐘即到。這真是一個絕妙的主意，那些貪玩的遊客看了這塊牌子後，對這座美麗的花園望而卻步了。

幾年後，有人再往貴婦人的花園去，卻發現那裡因為園子太大，走動的人太少而真的雜草叢生，毒蛇橫行，幾乎荒蕪了。孤獨、寂寞的貴婦人守著她的大花園，她開始懷念以前那種快樂時光了。

貴婦人由於吝嗇使自己備受孤獨和寂寞的煎熬，心靈也得不到安靜。要想贏得友情，從與朋友的交流中獲得快樂，必須首先要敞開自己的心扉，把快樂與別人分享，別人才會讓你分享他們的快樂。

第八章　走出職場「滑鐵盧」

有競爭就會有失敗，有失敗當然有挫折。困難和挫折是每個人一生的必修課，及格了才能畢業，不然只能一敗再敗，讓自己陷入無法挽回的困境。

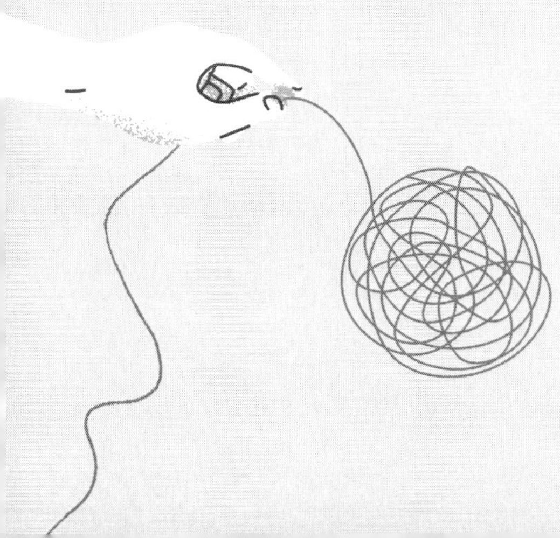

我再也不去應聘了——解析求職恐懼心理

職場恐懼心理的消極作用是不言而喻的。這種心理一旦產生，它將嚴重的阻礙人們行動的勇氣，而且對人的身心健康有很大的危害。克服這種恐懼心理主要是透過提高對事物的認知能力，擴大認知視野，判定恐懼源。只有提高預見力，對可能發生的各種變故做好充分的心理準備才會增強心理承受能力，從而輕鬆應對職場人生。

典型範例

劉元　大四學生

「我是一位身材矮小、性格內向的大學生，臨畢業還有三個多月的時候，我便時時湧起一種莫名其妙的恐懼與不安。」

「我的內向性格導致我不善言辭和交往，大學幾年下來雖然成績不錯，得過幾次獎學金，可自己總覺得除了學習之外，別的方面都不行，尤其是工作能力。」

「我來自農村，在都市沒有一點關係，前不久去人才市場和幾家公司面試，自己感覺害怕得要命，結果很不理想，公司那股盛氣凌人的氣勢，使我感覺透不過氣來，很恐慌，現場我手足無措。現在一提到找工作，我便非常害怕，有時身上會出冷汗，即使好朋友拉著我，我也不敢再進人才市場了。」

小故事大智慧

俗話說：「一朝被蛇咬，十年怕草繩。」恐懼心理的產生與過去的心理感受和親身體驗有關。有的學生在求職過程中受過某種刺激，大腦中形成了一個興奮點，當再遇到同樣的情景時，過去的經驗被喚起，就會產生恐懼感。恐懼心理還與人的性格有關。

一般從小就害羞、膽量小，長大以後也不善交際、孤獨、內向的人易產生恐懼感。美國心理學家史金納．伯爾赫斯．弗雷德里克經過研究論證指出：克服恐懼心理主要是透過提高對事物的認知能力，擴大認知視」，判定恐懼源。認識客觀世界的某些規律，認識人自身的需要和客觀規律之間的關係，確立正確的目標判斷，提高預見力，對可能發生的各種變故做好充分的思想準備，就會增強心理承受能力。事實證明，有意識的在艱苦的環境下磨練自己，能培養勇敢頑強的作風。這樣，即使真正陷入危險情境，也不會一時就變得驚慌失措，而是沉著冷靜，機智應對。還要培養樂觀的人生情趣和堅強的意志，透過學習英雄人物的事蹟，用英雄人物勇敢頑強的精神激勵自己的勇氣。

另外，平時積極參加心理訓練。比如：進行類比訓練，設置各種可能遇到的危險情況，進行有針對性的心理訓練，形成對危險情境的預期心理準備狀態，就能夠有效的戰勝緊張和不安等不良情緒，提高心理適應和平衡能力，增強信心和勇氣，以無畏的精神克服恐懼心理。

解壓之道

只要認真的對待恐懼心理是完全可以擺脫心理恐懼的困擾的，我們可以透過自我調適來逐步克服恐懼心理，具體的自我調試與訓練的方法如下：

第一步：情景再現。

把能引起你緊張、恐懼的各種場面，按由輕到重依次列成表（越具體、細節越好），分別抄到不同的卡片上，把令你恐懼感最輕的場面放在最前面，把最令你恐懼的放在最後面，卡片按順序依次排列好。

第二步：進行鬆弛訓練。

先坐在一個舒服的座位上，有規律的深呼吸，讓全身放鬆。進入鬆弛狀態後，拿出上述系列卡片的第一張，想像上面的情景，想像得越逼真、越鮮明越好。

第三步：模擬場景訓練。

假如你覺得想像中的場景令你有點不安、緊張和害怕，你先別害怕，先穩住，然後停下來不再想像，做深呼吸使自己再度鬆弛下來。完全鬆弛後，重新想像剛才失敗的情景。若不安和緊張再次發生，就再停止後放鬆，如此反覆，直至卡片上的情景不會再使你不安和緊張為止。

第四步：循序漸進。

按同樣方法繼續下一個使你更恐懼的場面（下一張卡片）。注意，每進入下一張卡片的想像，都要以你在想像上一張卡片時不再感到不安和緊張為標準，否則，不得進入下一個階段。

第五步：實踐情景訓練。

當你想像最令你恐懼的場面也不感到臉紅心跳時，便可再按由輕至重的順序進行現場鍛鍊，若在現場出現不安和緊張，亦同樣讓自己做深呼吸放鬆來對抗，直至不再恐懼、緊張為止。

心靈咖啡館

有一處地勢險惡的峽谷，澗底奔騰著湍急的水流，幾根光禿禿、顫悠悠的鐵索橫亙在懸崖峭壁之間，它是透過此谷的唯一路徑，經常有行者失足葬身澗底。

有一天，一個盲人、一個聾子和一個耳聰目明的年輕人來到橋頭，他們需要從這幾根鐵索橋上攀走過去，別無選擇。經過短暫的商議，三個人開始一個接一個抓住鐵索過橋了。盲人心想，我眼睛看不見，不知山高橋凶險，可以心平氣和的攀附。聾人說：「我的耳朵聽不見，不聞腳下的咆哮怒吼，恐懼相對會減輕許多。」於是，盲人和聾人便從鐵索橋上走過去了。

那個健全的人一邊自我激勵一邊鼓起勇氣開始過橋。剛走出十幾步路，當他看到橋下的險象，聽著咆嘯的水聲，想像著自己從橋上掉下去的各種慘狀，內心變得越來越恐懼。再看看距離對岸起碼還有五十步的距離，他的信心立刻崩潰了，雙腿也開始發軟。他決定停下來放棄過橋，於是拼命的抓緊手上的鐵索，慢慢的轉過身去。然而，就在此時，他一腳踩空終於從鐵索橋上跌了下去，隨著一聲慘叫這位健全的年輕人便一命嗚呼了。

恐懼是自信的敵人。如果一個人在某件事情上很自信，那麼他在這方面基本上就不會有恐懼；反之，如果缺乏信心，恐懼心理就會更加強烈。

2 不斷完善，增強自信

適應社會的過程，是一個學習、適應、繼續學習、不斷適應的過程。知識結構的完善，需要不斷學習。大學畢業生雖已掌握了一定的文化科學知識，具備了一定的能力，但知識結構還不盡完善，知識還不夠豐富，解決實際問題的能力及動手能力較差，只有不斷的學習，才能完善知識結構，豐富自己。

競爭進取是成才的驅動力，是開創事業途中的開山斧。頑強的意志是人生航船的鉚釘，頑強的拚搏是事業的船槳。只有競爭進取、頑強拚搏的人，才會到達成功的彼岸。

心靈咖啡館

擁有商務學士學位的布萊恩辛格在一家沒有利潤的社會服務機構工作，這個服務機構有十二個中心。他升遷得很慢，但他並不氣餒，因為他意識到在這個機構中充當領導地位的人大多只具有社會服務的經歷，而沒有一個人有商務學習的經歷——除了他。

布萊恩知道，要讓一個有十二個中心的組織順利運轉，困難是非常大的，而潛在的問題又總是相互聯繫的。於是這位樂觀的進取者下決心在保險、訴訟和稅務等方面下工夫，並取得了相當的成就，他很快成為機構中的二把手，眾多行政主管（他們通常只有社會服務的經歷）都依賴他。作為二把手，他繼續把目光轉向了那些別人沒有特別注意、但對機構未來的成功卻非常重要的領域。

他知道如何用最低的價格購買貨物，如何讓現在的房屋場地發揮更大的效用，以及如何改善電子資料處理和電子通訊設備等等。在以前許多陌生的領域內他現在成為了行家能手。他以「行業專家的身分」為自己贏得了一個令人羨慕的地位和一份可觀的收入。儘管有許多人都覺得保險和訴訟是乏味和枯燥的，但是布萊恩卻能夠滿懷樂觀與熱情投入學習，他的專業知識很快便在相對的事務中發揮了重要的作用。布萊恩的處境在許多人看來是死水一潭，毫無機會了，然而他卻透過自己的努力，打破常規，改變了命運為自己贏得了一個又一個升遷的機會。

對於一個年輕人來說，沒有什麼惡劣的環境是不能改變的。林肯、富蘭克林、弗雷得·道格拉斯、約翰·沃納梅克、馬歇爾、菲爾德和許許多多的年輕人改變了身邊令人沮喪的環境。同樣，你也可以做到這一點。

我真的不想做了，我好委屈——解析職場挫敗心理

一個人要真正認清自己、正視自己是不容易的。有時候，我們認不清自己的長

處，以為自己一無是處；有的時候，我們又認不清自己的短處，總以為自己無所不能。無論遇到什麼情況，僅僅抱怨是沒有用的，更重要的是調整自我心態，提高自己對各種突發事件的心理承受能力。

典型範例

高嵐外資公司職員

高嵐從大學畢業後進了一家企業；福利、待遇、薪水都不錯；缺點是分工太細，流動性差，紀律太多。千篇一律的制服和單調的工作使她感覺到自己離原來的夢想越來越遠。在上大學時，高嵐一直嚮往做一個有優越感的、工作獨立的外商員工。所以，幾年來她一直在為找這樣的工作而努力，後來終於如願以償了。高嵐在一家大型外資公司實現了這樣的夢想，但是從踏進外商的第一天起，上司的刁難、同事的冷漠、工作的壓力都讓她心灰意冷，幾次委屈得落淚。加上工作路途遠，無法正常上下班，總也不能適應環境，心情煩悶，使她感覺一下子老了很多。她每次想到原來的公司和同事，眼圈禁不住發紅，上班成了道道地地的煎熬，現在她已經不想做了。「我最近的睡眠越來越差。我十分煩惱，也曾罵自己是笨蛋，斷定自己當時一定是腦子壞了，要不怎麼會離開原來的公司呢。「但是，我害怕再次失敗，一直都不敢到另外的公司去面試，內心很是焦慮。」

小故事大智慧

大學生們畢竟沒有太多的社會經驗，想問題一般過於簡單和美好，往往割裂了自我實現與社會現實之間的關係，忽視了自我批判，自命不凡，以為自己無所不能，他們只是想到如何去實現理想，如何挑選好公司，而缺乏必要的理性思考。所以，求職的失敗粉碎了這些片面的自我實現價值的標籤，被痛苦折磨，被一種難以言狀的灰色情緒所羈絆。

正視社會，這是醫治心理障礙的關鍵，既不把社會看得一團漆黑，把人際關係神祕化，又要有足夠的思想準備，將理想與實際、理論與實踐結合起來。

美國哲學家和心理學家詹姆士指出：年輕人求職過程中的挫折本來難以避免，有的可能經過幾次挫折才能取得成功。但是，有的大學生心理承受能力弱，對於求職過程中所遇到的挫折，不是及時總結經驗教訓，而是一蹶不振、垂頭喪氣，陷入失望、焦慮、苦悶中。

大學生就業，一般要經歷新鮮興奮——觀察思考——協調發展這樣一個變化過程。在這樣一個變化過程中，由於新的環境不適應，難免暴露出也許原來並不明顯的一些弱點，但社會活動並不因此關照大學生。雖然掌握一定的書本知識，但因為缺乏實踐鍛鍊而感到用不上，難以做到理論與實踐相結合；年輕人浮躁、易衝動，但複雜的社會卻要他們冷靜沉著；還有一些人常以文憑、學位作為自己的資本，殊不知社會只承認能力。對這些弱點，畢業生應從自身予以正視，有意識的去轉化與糾正，及時進行心理調整，學會自我分析、自我評價。

解壓之道

人生的路並不是一帆風順的，挫折和危機是難免的，想透過心理諮商或者一些方法去消除挫折是不現實的，只有平時注意培養自己的良好情緒，才能在遇到挫折的時候不至於被困難擊倒。因為培養樂觀豁達的良好情緒有助於消除受挫情緒，提高自信心，對抗精神壓力。下面介紹一些有效的方法，以期能幫助碰見類似範例中主人公情況的人們培養自己的良好情緒。具有求職挫敗心理的廣大學生只要認真的對待自己的挫敗心理是完全可以擺脫挫敗感對其的困擾的，我們可以透過自我調適來逐步克服求職挫敗心理，具體的自我調試與訓練的方法如下：

1　心理暗示訓練法

對於求職挫敗心理主要是用自我暗示的方法加以治療，下面的「心理處方」，廣大的青年學生應對照自己的情況來加以經常性閱讀，並加以理解和體會：

（1）把「我應該如此」的說法換成「我喜歡如此」。否則，戴上了有色眼鏡，就只看到事物的消極部分，這樣就會很快斷定任何事情都是消極的。

（2）把「沒有辦法」換成「可能很難，但是……」，這樣就可改變不自覺的自卑心理，避免了常常給自己貼上標籤。

（3）把「一定」換成「也許」，這種思想的例子就是「我應當做這個」或者「我必須做那個」。你做一件事時所感到的內疚之情遠遠超過做這件事的動機。

（4）把「總是」換成「有時候」，否則，不必要的類推使得有過一次不順心的經歷，就認為會禍不單行而永遠如此。

（5）把「所有的」換成「某些」，否則，誇大和縮小，都會使你用放大鏡看待自己的缺點，同時又縮小了對自己力量的估計。

（6）把「我不好」換成「我這次沒表現好」，比如常常感到好像做了什麼壞事似的把自己的情緒當作自己做錯事的證據。

（7）把「確實如此」換成「好像如此」。不準確的自我評價，會使得有些人在碰到挫折時，也許會想「這是運氣差」，而不是認為我犯了一個錯誤，這種開脫是荒謬的，說明一個人不能準確的評價所做的事情。

（8）把「必須永遠如此」換成「到目前為止」，這樣可以減少肯定一切或否定一切，而避免把事物看成非黑即白，總是對自己失去信心。當心情不舒暢或難以自制時，首先要記錄下自己的消極思想，在紙上就消滅它，別讓它在自己的頭腦中作怪。

心靈咖啡館

有一隻都市老鼠和一隻鄉下老鼠，牠們是好朋友。有一天，鄉下老鼠寫了一封信給都市老鼠，信上這麼寫著：「都市老鼠兄，有空請到我家來玩。在這裡，可享受鄉間的美景和新鮮的空氣，過悠閒的生活，不知意下如何？」

都市老鼠看到信後，高興得不得了，立刻動身前往鄉下。到那裡後，鄉下老鼠拿出很多大麥和小麥，放在都市老鼠面前。都市老鼠不屑的說：「你怎麼老是過這種清貧的生活呢？住在這裡，除了不缺食物，什麼也沒有，多麼乏味呀！還是到我家玩吧，我會好好招待你的。」鄉下老鼠於是就跟著都市老鼠進城去。鄉下老鼠看到那麼豪華、乾淨的房子，非常羨慕。想到自己在鄉下從早到晚，都在農田裡奔跑，以大麥和小麥為食，冬天還得在那寒冷的雪地上搜集糧食，夏天更是累得滿身大汗。和都市老鼠比起來，自己實在太不幸了。

聊了一會，他們就爬到餐桌上開始享受美味的食物。突然，「砰」的一聲，門開了，有人走了進來。他們嚇了一跳，飛也似的躲進牆角的洞裡。鄉下老鼠嚇得忘了飢餓，想了一會，對都市老鼠說：「鄉下平靜的生活還是比較適合我。這裡雖然有豪華的房子和美味的食物，但每天都緊張兮兮的，倒不如回鄉下吃麥子來得快活。」說罷，鄉下老鼠就離開都市回鄉下去了。

鄉下老鼠是明智的。不同個性、習慣最終會使彼此回歸到自己所熟悉的架構裡。我們在構築自己的目標的時候，也要充分考慮自己的個性、習慣。不考慮自己的優勢和個性的目標不是適合自己的。

2　提高生活情趣

對周圍事物感興趣並具有積極的探求心理，培養多樣化興趣；不要老是擔心自己的健康和疾病，不要過度自我暗示有什麼不適和疾病。

美國作家奧格窯曼狄諾曾經極力讚揚一位年僅九歲的小男孩埃倫坡，這是因為埃倫坡雖然年幼，可是他與厄運搏鬥的精神和勇氣卻令很多人都自愧不如。

心靈咖啡館

一次，男孩埃倫坡在從學校回家的途中玩樂，正蹦蹦跳跳的他被一塊小石塊絆了一下，他摔了一跤，就像平常幾次摔跤一樣，只是磨破了一點皮，埃倫坡沒有在意，繼續往家裡走。

吃完晚餐，埃倫坡感到白天磨破皮的膝蓋處疼得很厲害，可是他仍然沒有理會，「也許明天就會好的」。這天晚上他沒有出去和朋友們玩，只是一個人在臥室裡玩了一會兒玩具就去睡覺了。

一覺醒來之後，腿上劇烈的疼痛感不但沒有消失反而加劇了，埃倫坡感到這種疼痛感已經蔓延到了膝蓋周圍的一大圈。可是他仍然沒有在意，吃完早餐便和朋友們一起去學校了。這天放學回來的路上，埃倫坡的腿已經明顯的紅腫。他盡力忍著疼痛，盡量像平常一樣走路。就這樣他一路堅持著回到了家中。回到家時，媽媽感到埃倫坡有些異樣，問他是怎麼回事，可是埃倫坡堅持說自己沒事。

第三天早上起床之後，埃倫坡感到腿痛極了，然後他發現自己的整條腿都腫了起來，而且連另一隻腳也腫得不成樣子了，他根本就無法穿鞋。當埃倫坡光著腳下樓吃飯的時候，媽媽終於發現了他腿上的問題。看到埃倫坡的腿已經成了這個樣子，爸爸媽媽都很害怕，更讓他們害怕的是，由於傷口發炎，埃倫坡已經出現了十分明顯的高燒症狀。當爸爸請來醫生的時候，母親正在為他包紮傷腿。醫生來了，看到埃倫坡一家人著急的模樣，他安慰他們說」不要緊的」。可是當他認真的檢查過埃倫坡的那條腿時，他臉上的表情開始變得十分嚴肅。他告訴埃倫坡的父母：「如果不鋸掉這條腿的話，那麼高燒就很難退，甚至會威脅到孩子的生命。」父母被這個消息驚呆了，他們不相信由於一次小小的摔傷，兒子就要被鋸掉一條腿。可是醫生告訴他們這並不是開玩笑。

當父母把醫生的建議告訴埃倫坡時，他尖聲的大叫著：「不！如果失去一條腿的話，我還不如去死！」醫生告訴父母必須早做決定，否則孩子就會有生命危險。埃倫坡一次又一次的大叫著，不要鋸掉他的腿，並且還告訴他的哥哥埃德：「你一定要保護我，不要讓他們鋸我的腿，等我神智不清時你必須保護我，哥哥，請你保證！」埃德答應弟弟一定會保護他的，於是埃德就站在臥室門口警惕的看著醫生和父母。埃德承諾的事就一定會做到，他一直守著弟弟不讓別人鋸掉那條腿。已經過去兩天兩夜了，埃倫坡早就神志不清並且開始說胡話，體溫越來越高。醫生告訴埃德「你這是在害他」，可是埃德根本就聽不進去。全家人也沒有其他辦法，只是不停的禱告，希望能夠看到奇蹟的出現。

第四天清早，醫生又來看望埃倫坡，他想告訴他們如果再不採取措施，這個孩子就真的要完蛋了。可是他看到的卻是埃倫坡的腿開始消腫、高燒也正在退去。醫生感到吃驚極了，難道真的有上帝保佑？他給埃倫坡服了消炎和退燒的藥，並且告訴家人要一直守在他身旁，如果有事情可以隨時找他。

第五天晚餐之後，埃倫坡從昏迷中清醒過來了，他紅腫的腿也消了下去。雖然身體疲憊，可是他的目光仍然像過去一樣堅定。幾週過後，埃倫坡站起來了。當他拿著籃球跑到醫生那裡時，醫生忍不住和他一起在草地上奔跑了起來。

當厄運降臨時，人們可能無法逃避，但是卻可以選擇將其擊敗。如果人們失去與其搏鬥的勇氣，那麼厄運會隨時將人打敗。究竟是要被厄運控制於股掌之間，還是要擊敗厄運，全由我們的勇氣和意志決定。

3 廣交朋友，熱情待人

遇到煩惱和心理矛盾時，主動找知心朋友談心請求幫助，以及時得到安慰和心理支持。在學習、工作和生活中要處理好人際關係，不要參與勾心鬥角，朋友有難時要同舟共濟。

心靈咖啡館

一天夜裡十二點，一位黑人婦女在高速公路上忍受著大雨的拍打。她的汽車壞了，非常需要有人幫忙。抱著試試的想法，她敲響了路旁一戶人家的門。那是充滿種族歧視和衝突的一八六〇年代。開門的是位白人婦女，問明情況後，她讓黑人婦女進到屋裡，幫她烤乾衣服，並留她住宿了一晚。

第二天，白人婦女又找人修好了汽車，送她離去。這一切，讓黑人婦女感動得熱淚盈眶。一晃幾年時間過去了，白人婦女似乎已淡忘了此事，但她的家庭卻正處於前所未有的經濟危機。正當她焦頭爛額之時，卻意外的收到了一筆巨額匯款，附言上寫道：「親愛的羅茜太太，非常感謝你那晚在高速公路上伸手相助。像你這樣好心的人，一定會有好報的，上帝祝福你！」

很多時候，給別人一次機會，也就等於給自己一次機會，生活青睞真誠——真誠會為我們的生命帶來好的運氣，因為誰都不會希望自己被別人欺騙。

4　學會應變，避免牢騷

不要過度計較個人得失，要寬宏大量，樂於助人。遇事當機立斷，不要為小事左顧右盼，應該珍惜大好時光。

心靈咖啡館

一位老和尚，他身邊聚攏著一幫虔誠的弟子。這一天，他囑咐弟子每人去南山打一擔柴回來。

弟子們匆匆行至離山不遠的河邊，人人目瞪口呆。只見洪水從山上奔瀉而下，無論如何也休想渡河砍柴了。無功而返，弟子們都有些垂頭喪氣。

唯獨一個小和尚與師傅坦然相對。師傅問其故，小和尚從懷中掏出一個蘋果，遞給師傳，說：「過不了河，打不了柴，見河邊有棵蘋果樹，我就順手把樹上唯一的一顆蘋果摘來了。」後來，這位小和尚成了師傅的衣缽傳人。

世上有走不完的路，也有過不了的河。過不了的河掉頭而回，也是一種智慧。但真正的智慧還要在河邊做一件事情：放飛思想的風箏，摘下一個「蘋果」。歷覽古今，抱定這樣一種生活信念的人，最終都實現了人生的突圍和超越。

5 勇於傾訴

遇到痛苦和積怨，不要抑制自責，悶在心中，要善於轉移和分散注意力，必要時可大哭一場，發洩內心積聚的能量，這樣有助於穩定情緒。

我是不是走錯了地方——解析擇業矛盾心理

人生就是一個個選擇的過程。在一個又一個的選擇中，職業選擇對於每個人來說都是非常重要的。擇業，從某種程度上說就是選擇人生，擇業的結果在相當程度上會影響個人的前途和幸福。

典型範例

夏小菊　某公司職員

夏小菊是一家公司的職員。這天，她在公司的二十層大廈頂樓沮喪，因為在一個項目的企劃中，她的企劃案又被否決了，而另外兩個對手卻屢屢被選中。她十分不服氣，因為她一直做得很努力，她堅信自己做得比他們要好。可是，失敗也是不容分說的。有好幾次，夏小菊想過是否應該離開這裡，但是，這裡的高薪是她迫切需要的。

她越想越委屈，不知不覺就哭了起來。這時午休時間快結束了，她好不容易擦乾了眼淚，眼睛還有點腫，就低頭走進辦公室。她小心而快步的朝自己的位置走去，想快點坐到自己的座位上，可是，她發現她的位置上已經有人坐著。夏小菊稍一遲疑，那個人也站了起來，回身與她撞個滿懷，他手上的檔全部掉在地上。

接連而來的事故讓她不知所措。她惶恐不安的幫他拾起地上的東西，他卻很溫和的抬起頭問道：「小姐，你沒事吧，你是不是走錯了地方？」夏小菊抬頭一看，原來自己真的走錯了地方。因為這座大廈裡每層樓的格局都非常相像，使人很容易走錯地方。夏小菊尷尬的笑笑，準備離開，心裡恨自己傻，眼淚就忍不住又掉下來。年輕人對她笑了笑，他的笑容使夏小菊幾乎忘了尷尬，她也笑笑，不自覺的說：「我是走錯地方了。」

小故事大智慧

美國教育心理學家布魯納認為：現在的年輕人普遍缺乏最基本的辨別能力，這其中不僅僅是辨別真假是非、辨別善惡好壞、辨別美醜，更重要的是辨別自我。在選錯職業的人當中，百分之八十的人事業上是失敗者。當今社會，人們自己選擇職業的空間越來越大，怎樣選擇適合發揮自己才幹的職業，對今後事業的成就至關重要。

如果我們能選準適合自己個性特點的工作或事業，我們將能樂在其中，不知老之將至，成功便是一個快樂的過程。我們常說痛苦，事實上痛苦就是做自己不願做而又不得不做的事。當然，我們並非完全鼓吹興趣主義，光憑藉興趣是無法完成一項事業的，因為任何一項事業的奮鬥，總是需要付出一定的努力。

只要你用積極的態度來看待自己的生活，就會發現沒有任何經驗不值得回憶，其中都包含著它的價值。這時，你會發現自己具有的那些優良特質是和其他人都不一樣的因素。這些都是你具有的優點，優點就是力量，它是你信心的來源和人生之路的選擇根據。

你要記住：當你意識到自己走錯了方向時，你應該果斷的掉頭！

解壓之道

只要樹立正確的人生觀和價值觀是完全可以擺脫擇業矛盾心理的困擾的，我們可以透過自我調適來逐步克服擇業矛盾心理，具體的自我調試與訓練的方法如下：

1　正確評價、客觀認識自己

認識自己的職業興趣、職業能力、職業動機，權衡個人的權益與損失，如個人收入、工作的難度、工作的興趣、專業是否對口、工作條件與環境、選擇任務的自由度、晉升的機會、安全感、用於發展個人習慣興趣的時間。

心靈咖啡館

有一個自以為是的年輕人畢業以後一直找不到理想的工作。他覺得自己懷才不遇，對社會感到非常失望。痛苦絕望之下，他來到大海邊，打算就此結束自己的生命。這時，正好有一個老人從這裡走過。老人問他為什麼要走絕路，他說自己不能得到別人和社會的承認，沒有人欣賞並且重用他。

老人從腳下的沙灘上撿起一粒沙子，讓年輕人看了看，然後就隨便的扔在地上，對年輕人說：「請你把我剛才扔在地上的那粒沙子撿起來。」

「這根本不可能！」年輕人說。

老人沒有說話，接著又從自己的口袋裡掏出一顆晶瑩剔透的珍珠。也是隨便扔在地上，然後對年輕人說：「你能不能把這個珍珠撿起來呢？」

「這當然可以！」

這個老人真的很有智慧。有的時候，你必須知道你自己是一顆普通的沙粒，而不是價值連城的珍珠，若要使自己卓然出眾，那你就要努力使自己成為一顆珍珠。

2 增強拚搏精神

許多人錯誤的認為，在附近就業，關係多、環境熟、生活有父母照顧。面對保險、廣告、諮詢、法律服務等一批新興行業，一些年輕人坦言，這些行業保障度低，雖然行業整體利潤高，但是風險大，就業壓力太大，認為自己「不能勝任」。其實這些人從根本上就缺乏拚搏意識，不能抓住朝陽行業的就業機會。

心靈咖啡館

一位搏擊高手參加比賽，自負的認為一定可以奪冠。

比賽進行了一半，搏擊高手警覺到，自己竟然找不到對手的破綻，而對方的攻擊卻往往能突破自己的漏洞。

比賽結果可想而知，搏擊高手失去了冠軍獎盃。

他憤憤不平的回去找他的師父，拜託師父幫他找出對方的破綻，好在下次比賽時打倒對方。師父卻笑而不語，只是在地上畫了一條線，要他在不擦掉這條線的情況下，設法使線變短。他百思不得其解，最後還是請教了師父。

師父笑著在原先那條線的旁邊，又畫了一道更長的線，兩相比較之下，原來那條線，看起來立刻短了很多。這時師父說道：「奪得冠軍的重點，不在如何攻擊對方的弱點，正如地上的線一樣。只要你自己變得更強，對方也就在無形中變弱了。如何使自己更強，才是你需要去做的。」

不要太過強調環境因素，不要為自己尋找失敗或妥協的藉口，在拚搏的過程中，要努力使自己更強，才會在不利的狀態中脫穎而出。

3　掌握競爭的主動權

二十一世紀是世界經濟、科技、綜合國力競爭激烈的世紀，誰能掌握競爭的主動權，誰就能走在發展的前列。人才的成長與成功，是多種素養綜合作用的結果，也是自身素養和外部因素的有效結合。正如法國思想家狄德羅所說：「知道事物應該是什麼樣，說明你是聰明的人；知道事物實際是什麼樣，說明你是有經驗的人；知道怎樣使事物變得更好，說明你是有才華的人。」

心靈咖啡館

卡爾窯賽蒙頓醫生是一位專門治療晚期癌症病人的專科醫生。有一次，他為一位六十一歲的喉癌病人治療。當時，這名病人因為病情的影響，體重大幅下降，瘦到只有四十多公斤，癌細胞的擴散使他無法進食。

賽蒙頓醫生告訴這位患者，自己將會全力為他診治，幫助他對抗惡疾。同時，每天將治療進度詳細告訴他，並向他清楚講述醫療小組治療的情形，及他體內對治療的反應，使病人對病情得以充分了解，並緩解不安的情緒努力以配合醫護人員的治療。

結果治療情形好得出奇。賽蒙頓醫生認為這名患者實在是個理想的病人，因為他對醫生的囑咐完全配合，使得治療過程進行得十分順利。賽蒙頓醫生教這名病人運用想像力，想像他體內的白血球大軍如何與頑固的癌細胞對抗，並最後戰勝癌細胞的情景。

結果兩個星期後，醫療小組果然抑制了癌細胞的破壞性，成功的戰勝了癌症。對這個傑出的治療成果，就連賽蒙頓醫生也感到十分驚訝。

其實賽蒙頓醫生是因為運用了心理療法來治療這名癌症病人，才獲得了如此成功的療效。我們每個人對自己的生命擁有比我們自己想像的更多的主宰權，即使是像癌症這麼難纏的惡疾，也能納入自己的掌握中。因為，我們可以運用這種心靈的力量，來決定要什麼樣的生命品質。

讓我一個人孤苦伶仃的面對生活，好可怕啊
——解析求職依賴心理

我們雖可以靠父母和親戚的庇護而成長，倚賴兄弟和好友而度過孤獨，因愛人而得到幸福，但是無論怎樣，幸福生活和美好事業的取得歸根結柢還是要依靠自己來完成。

典型範例

張濱　某公司職員

張濱是一個從小被家裡寵壞了的大女孩，她一直在不停的變換工作，因為她的老闆總是想向她求愛，讓她感到煩惱從而不得不離職。頻繁的跳槽使得她在工作問題上總是無法獲得進展，以至於仍然需要依賴家庭的供給才能生存。當然，之後的很多工作也都是在親

友的幫助下找到的，不過，也只是偶爾從事一些諸如打字員或祕書之類的零碎工作。有一次她終於找到一個職位，但這次她的老闆似乎對她毫無興趣，結果她覺得受到了輕視，又憤而辭職了。

張濱小的時候就非常漂亮，是家裡的小女兒，家裡的條件又很好，結果她被父母寵得令人難以置信，真是頂到頭上怕嚇著，含在嘴裡怕化了，只要她想要的，就一定能如願以償。

張濱說：「那時候每個人都稱我為公主呢！」由於家裡對她的溺愛，她從小就產生了強烈的依賴心理。在張濱四歲時候發生的一件事更加重了她的依賴心理。張濱回憶說：「當我四歲時，我記得有一次走出屋子，看到很多孩子在玩遊戲。他們動不動就跳起來，大聲喊著：『巫婆來了！』我非常害怕。回家後，我問家裡的老人們，是不是真的有巫婆存在。他們說：『真的，有許多巫婆、小偷和強盜，他們都會跟著你到處跑。』」從那以後，她就很怕一個人留在房子裡，並且把這種害怕表現在她的生活的各方各面。她總覺得自己的力量還不足以離開家，家裡的人必須支持她，並在各方面照顧她。

後來，張濱的父母相繼去世，這使她因為失去了依賴而感到手足無措。於是張濱找她的親戚來照顧她，但是事情並不如意。過不了多久，她的親戚就對她非常厭倦，再也不給她所需要的關懷。她很生氣的責備他們，並且告訴他們：「讓我一個人孤零零的生活，是件多麼危險的事！」這樣，她才勉強避免了孤苦伶仃的悲劇。

張濱也很苦惱，因為現在的工作似乎也岌岌可危了，因為她感覺到她的同事都是自己忙自己的事情，沒有人對她特別關照。她一直想擺脫這種狀況，但苦於沒有切實可行的好辦法，於是她求助了心理醫生。

小故事大智慧

張濱的問題出在擇業過程中過度依賴他人，其實，依賴他人是難以選擇到一份滿意的工作的。當一直無條件給她以強大支持的後盾——家庭，隨著父母的相繼去世而崩塌了，她只好把這種依賴轉嫁給她的親戚和朋友，如果她的親戚和朋友都不向她伸出援助之手，她一定會發瘋。達到她優越感目標的唯一方法，就是強迫她的親友幫助她，讓她免於應付所有的生活問題。再往前進一步的話，她就要發瘋了，可是由於她自己還有點機智，她的親戚朋友也還肯照顧她，所以她還沒有踏上這最後一步。

過度依賴心理形成的原因：

（1）從家庭這方面來說，父母的過度溺愛或過度專制都會導致孩子形成依賴的性格。父母在寵愛孩子的同時忽視了對孩子獨立性的培養。生活中的小事大人一手包辦，孩子被緊緊的拴在了父母的手上，本來是出於愛心，可是卻害了孩子。如果父母過度專制，事事都做主，不給孩子發表意見的機會，長此以往，孩子就會變得唯唯諾諾，沒有主見，一切依賴別人的決定。

（2）從依賴者個人這方面來說，則是由於他們從依賴別人得到了好處。由於他（她）什麼也不用自己做、不用自己想，都由父母替自己做了，這多好。於是他們什麼也不做，本來自己能做的也不做，惰性使他們更加依賴父母。這些人一旦離開家庭，那麼就得去依賴親戚、朋友、愛人。美國心理學家G．米勒經研究指出：獨立，才能顯示個人才幹。可是在當今的大學生中，有一部分人，他們雖然接受了四年大學教育，但在很多事情上缺乏決策能力。擇業時，對一個公司是否適合自己，他們往往不是憑自身思考來決斷，而是依靠父母師長之意、師兄師姐之言進行取捨，表現出較強的依賴心理。

因此，一旦開始工作，他們較難在職業生活中找到自己的位置、發揮自身的優勢、實現自己的價值。用人公司注重複合型人才，在專業對口的情況下，更看中思維敏捷、應變迅速、性格開朗、興趣廣泛、有一技之長的畢業生，甚至是否擔任過學生幹部，是否有科技成果，也成為用人公司選擇人才的條件之一。因此，那些高分低能，如社交能力、動手能力差的大學畢業生，很可能會被用人公司拒之門外。

解壓之道

依賴，是心理斷乳期的最大障礙。隨著身心的發展，你一方面比以前擁有了更多的自由度，另一方面卻擔負起更多的責任，面對這些責任，有些人感到膽怯，無法跨越依賴別人的心理障礙。如果不能及時糾正這種依賴心理，任其發展下去，今後很難立足於社會；又由於這種人難以忍受挫折和失敗，往往會導致心理疾病的發生，最終被社會所淘汰。專家建議，克服依賴心理，培養獨立人格，可以採取下列措施：

1　改變依賴心理行為，增強自身主動性和創造性

首先明白過度依賴是心理不成熟的表現。一個心理不成熟的人是難以在生活和事業上成功的。如果是家庭原因所造成的，那麼向你的家人正式宣布，你要改變你的依賴行為，希望他們能夠理解並支持你；如果是你的懶惰所造成的，那麼從現在起，你必須養成不怕吃苦的習慣，以加強你的自主性和創造性。

心靈咖啡館

日本著名企業家松下幸之助曾經說過這樣一段話：「獅子故意把自己的小獅子推到深谷，讓牠從危險中掙扎求生，這個氣魄太大了。雖然這種作風太嚴格，然而，正是透過這

種嚴格的考驗，小獅子在以後的艱難生命過程中才不會洩氣。在一次又一次的跌落山澗之後，牠又拼命的、認真的、一步步的爬起來。在從深谷爬起來的時候，牠才會體會到不依靠別人，憑自己的力量前進的可貴。獅子的雄壯，便是這樣養成的。」

無獨有偶。美國石油家族的老洛克菲勒，有一次帶他的小孫子爬梯子玩，可當小孫子爬到不高不矮（不至於摔傷的高度）時，他原本扶著孫子的雙手立即鬆開了，小孫子於是也跟著滾了下來。這不是洛克菲勒的失手，更不是他在惡作劇，而是要小孫子的幼小心靈感受到：做什麼事都要靠自己，就是連親爺爺的幫助有時也是靠不住的。意義可謂深遠。

要充分認識到依賴心理的危害。要糾正平時養成的習慣，提高自己的動手能力，多向獨立性強的人學習，不要什麼事情都指望別人，遇到問題要做出屬於自己的選擇和判斷，加強自主性和創造性。學會獨立的思考問題。

2　增強自信，在心理上接納自己

每一個人都有自己的優缺點。有的人發現了自己的缺點，就當成包袱背起來，老是壓在心頭，連自己的優點和長處也看不到了。要有自己相信自己、自己戰勝自己的信心。自信心是對自身潛能的肯定，是追求事業成功過程中的一種良好的心態。人們應該充分、準確、客觀的認識自己，增強自信，累積知識，樹立生活的勇氣。

3　獨立自主解決困難

不要遇到困難就請求別人幫忙，要盡力自己去解決。即使接受他人的幫助，也必須發揮自己的主觀能動性。大事可徵求他人的意見，但必須把握一點，他人的意見僅供參考。另外切記不把自己分內的事推給別人。

心靈咖啡館

宋朝著名的禪師宗元門下有一個弟子道謙。道謙參禪多年，仍不能開悟。一天晚上，道謙誠懇的向師傅宗元訴說自己不能悟道的苦惱，並求宗元幫忙。

宗元說：「我很高興能夠幫助你，不過有三件事我無能為力，你必須自己做！」道謙忙問是哪三件事。

宗元說：「當你肚子餓時，我不能幫你吃飯，你必須自己吃；當你想大小便時，你必須自己解決，我一點也幫不上忙；最後，除了你之外，誰也不能馱著你的身子在路上走。」

道謙聽罷，心扉豁然開朗，快樂無比，他感到了自我的力量。成功要靠自己，自己的事必須自己做。相信自己，成功由你自己決定。

人，要靠自己活著，而且必須靠自己活著，在人生的不同階段，盡力達到理應達到的自立水準，擁有與之相適應的自立精神。這是當代人立足社會的根本基礎，也是形成自身「生存支援系統」的基石。因為缺乏獨立自主個性和自立能力的人，連自己都管不了，還能談發展成功嗎？人生是一個艱難的路程，有時會遭遇困難，有時會遇到挑戰，這時，真正能夠幫助你的只有你自己，能夠拯救你的也只有你自己。

電子書購買

爽讀 APP

國家圖書館出版品預行編目資料

別讓焦慮打敗你，來這裡學會自我管理：擺脫焦慮，找到內心的平靜 / 謝蘭舟，馬海峰 著 . -- 第一版 . -- 臺北市：沐燁文化事業有限公司，2024.10
面； 公分
POD 版
ISBN 978-626-7557-45-7(平裝)
1.CST: 臨床心理學 2.CST: 精神分析
178 113013944

別讓焦慮打敗你，來這裡學會自我管理：擺脫焦慮，找到內心的平靜

臉書

作　　者：謝蘭舟，馬海峰
發 行 人：黃振庭
出 版 者：沐燁文化事業有限公司
發 行 者：沐燁文化事業有限公司
E-mail：sonbookservice@gmail.com
粉 絲 頁：https://www.facebook.com/sonbookss/
網　　址：https://sonbook.net/
地　　址：台北市中正區重慶南路一段 61 號 8 樓
8F., No.61, Sec. 1, Chongqing S. Rd., Zhongzheng Dist., Taipei City 100, Taiwan
電　　話：(02) 2370-3310　　傳　　真：(02) 2388-1990
印　　刷：京峯數位服務有限公司
律師顧問：廣華律師事務所 張珮琦律師

定　　價：399 元
發行日期：2024 年 10 月第一版
◎本書以 POD 印製